陈引○主编　林靖雯　麦亦晴　宋倩茜○绘

画说会计

（彩画版）

立信会计出版社
LIXIN ACCOUNTING PUBLISHING HOUSE

图书在版编目(CIP)数据

画说会计：彩画版 / 陈引主编. —上海：立信会计出版社，2019.7(2023.8 重印)

ISBN 978-7-5429-6243-0

Ⅰ.①画…　Ⅱ.①陈…　Ⅲ.①会计学—图解　Ⅳ.①F230-64

中国版本图书馆 CIP 数据核字(2019)第 167048 号

策划编辑　洪梅春
责任编辑　孙　勇
封面设计　南房间

画说会计(彩画版)

出版发行	立信会计出版社		
地　　址	上海市中山西路 2230 号	邮政编码	200235
电　　话	(021)64411389	传　　真	(021)64411325
网　　址	www.lixinaph.com	电子邮箱	lixinaph2019@126.com
网上书店	http://lixin.jd.com		http://lxkjcbs.tmall.com
经　　销	各地新华书店		
印　　刷	上海盛通时代印刷有限公司		
开　　本	787 毫米×960 毫米	1/16	
印　　张	15.25		
字　　数	360 千字		
版　　次	2019 年 7 月第 1 版		
印　　次	2023 年 8 月第 2 次		
书　　号	ISBN 978-7-5429-6243-0/F		
定　　价	65.00 元		

前 言

《画说会计（彩画版）》一书是一名具有30多年教学经验的高校教师，与多名美术专业学子脑力激荡的结晶；是将看起来枯燥无味的专业课以活泼的漫画及动漫形式表现出来的一种全新的尝试。

陈引教授（女）基于丰富的会计教学与实践经验，结合自身绘画基础，负责撰写文字，设计章节，编写绘制大纲及后期制作；动画专业画者林靖雯（女）、麦亦晴（女）和宋倩茜（女）在手绘版《画说会计》基础上进行了彩画创作；动漫设计者林月晓（男）及金瑞琦（女）负责漫画小视频的设计及制作。由于会计与美术专业知识本身差异很大，因此，在整个编写与创作过程中，本书作者们进行了频繁的交流与相互学习。

本书的表现形式是彩色漫画与文字解释相结合并辅以动漫视频（通过扫描本书封底二维码即可观看动漫视频）。为增加画面感，本书还参照剧本的写法，将章、节用“幕”与“场”来表示。

本书的基本思路如下。第一幕“会计的前世今生”，介绍会计的产生与发展，解释会计的基础知识与理论；第二幕“会计是个技术活”，介绍账户与复式记账法；第三幕“职场练手初体验”，演示复式记账法的运用技巧；第四幕“财产清查保安全”，第五幕“会计凭证打基础”，第六幕“埋头记账都有啥”，第七幕“报告一出知冷暖”，则系统地介绍了会计基本方法及运用；第八幕“持续经营需守规”，介绍账务处理程序与会计法规基础，也是全书的总结。

由于本书是以本书作者在立信会计出版社出版的畅销本科教材《基础会计》为蓝本

的，内容涵盖了基础会计的所有知识点，因此完全可以作为独立的教科书使用。本书适用于所有本专科学习基础会计课程的学生。相比已出版的手绘版《画说会计》，本书是用更为直观、清晰的彩色漫画形式表现的，更具有实景感和美感；且书中内容已根据我国最新的会计准则与税收政策的改革进行了更新，更贴近中国企业会计实务。因此，本书也适合所有想学会计的人士，包括MBA，经济类研究生，乃至双专业学生及其他在职人士。

本书的宗旨是借用“画”文并茂的解说，让初学者快乐地理解并学会会计的基本理论、 基本方法和基础知识，即让会计并非像传说中的那么难以入门。

当然，由于本书是一种将会计专业基础知识与绘画相结合的创新，没有其他类似的作品可供借鉴，因此，书中可能尚有不足，恳请读者多多支持与指教。

作　者

2019年8月18日

目录

第三幕

69

职场练手初体验
——以制造业企业的主要业务为例

第四幕

137

财产清查保安全

第五幕

154

会计凭证打基础

第六幕

169

埋头记账都有啥

第七幕

第八幕

序幕

基础会计又称会计学原理，它是介绍会计的基本理论、基础知识和基本方法的专业基础课程，也是经济、管理类专业学生的必修课程或选修课程。

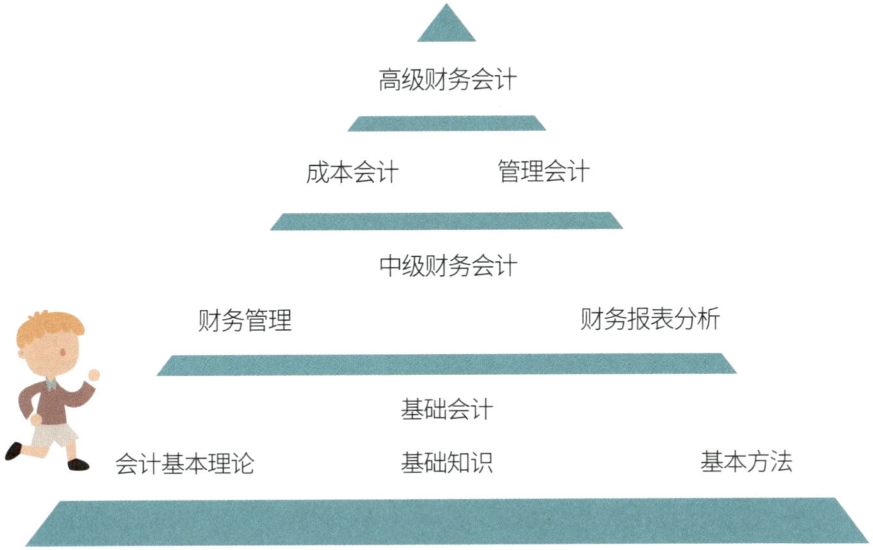

第一幕　会计的前世今生

第一场　会计与社会经济的发展

在现代经济社会中，会计信息与每一个社会阶层人民的工作、生活密切相关，但是会计的含义是什么？会计信息是否等于财务会计报告？会计的对象、职能、作用和目标又是什么？事实上，会计经过几千年的发展与演变已有了专门的理论与方法体系，且仍在不断发展。会计是随着生产管理的需要而产生、发展的，且经济越发展会计越重要。

会计发展的三个阶段：

古代会计

近代会计

英国爱丁堡会计师公会成立

现代会计

计算机代替了手工记账

一、古代会计（13世纪以前的会计）

古代会计始于原始社会，止于中世纪。其实，会计与人类的记录活动是密切相关的。在原始氏族社会中，生产力水平仅限当天生产（狩猎、采摘）、当天消费，没有记录的必要。

扫二维码，了解古代会计

随着人类生产力水平的提高，通过改进生产工具，提高了狩猎、采摘效率；通过发展养殖业，食物有了剩余，人们开始关心剩余产品的分配与交换，于是就有了记录的必要。

结绳记事

龟背刻字

石壁刻字

接着，会计在四大文明古国（古印度、古巴比伦、古埃及、古中国）中得到发展。

比如，古印度氏族共同体中曾出现记账员。

后来，古印度、古巴比伦和古埃及开始没落，而当时中国的经济发展一直走在世界前列。古中国的周朝 出现了“司会”一职，主要从事保管兼记账工作。

春秋战国时期已出现金银货币。

到了宋代，商品经济有了很大的发展，还出现了作为交易媒介的纸币——交子。那时已有叫“四柱清册”的账簿。

当时的四柱是指：旧管+新收-开除=实在，翻译成现代文字

就是：　期初余额+本期增加-本期减少=期末余额

古代会计的特征是：
会计是生产的附带部分，会计的职能与生产管理的职能尚未分开，尚未形成完整的会计核算的方法体系。

二、近代会计（13世纪到19世纪初期的会计）

扫二维码，了解近代会计

（1）13世纪意大利城邦国家

到了13世纪，世界经济的重心已转移到欧洲，那时，意大利城邦国家依托海上贸易发展城市商业和手工业，经济空前繁荣。

贵族、富人纷纷投资船队用以出去探险。

船队带着货物、金子和武器等去航海了。如果船队能克服千难万险，满载而归，那投资人就可以获得丰厚的回报；若船队中途遇险沉没或被抢，那投资人将血本无归，这就是最早的“风险投资”吧！

此时，投资者发现原来的记账方法已经不够用了，于是就创造出新的记账方法。

1494年,意大利数学家卢卡·帕乔利(Luca Pacioli)在《算术、几何、比及比例概要》一书中曾系统地介绍了复式记账法。

(2) 18到19世纪初期

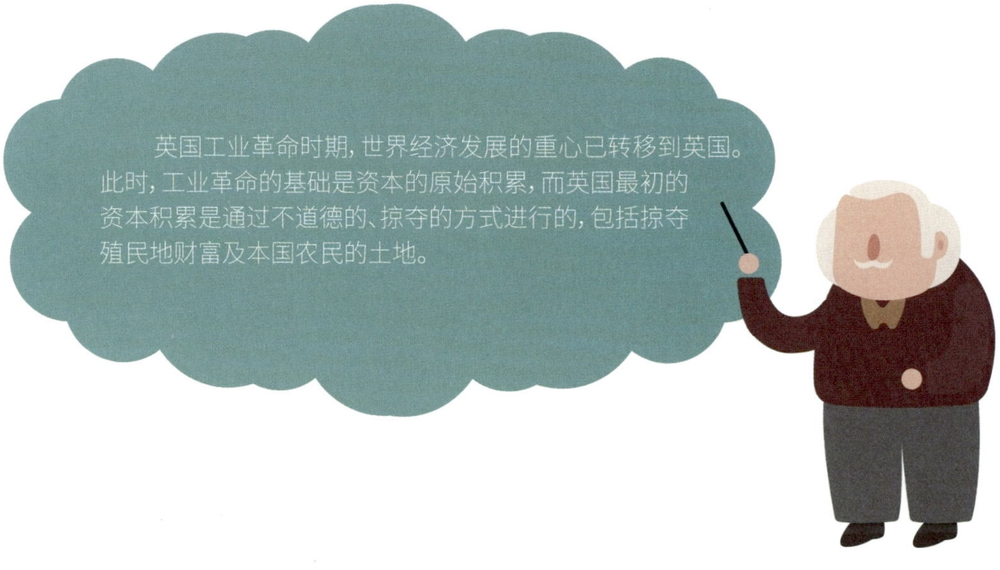

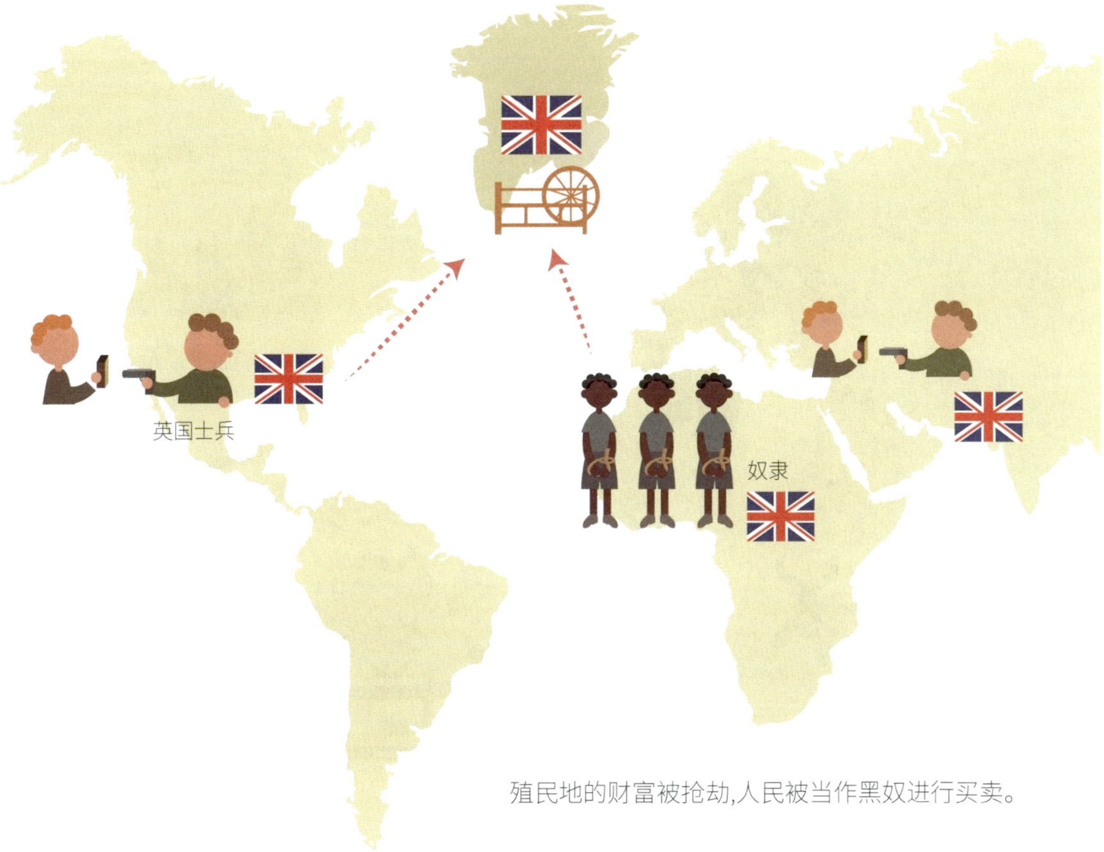

殖民地的财富被抢劫,人民被当作黑奴进行买卖。

英国国内农民的土地被圈走，用于集中养羊，以提供工业生产所需的羊毛。于是农民丢了自己赖以生存的土地，或成了生产工人，或向远方流浪，这就是著名的“羊吃人”事件……

但是，哪里有压迫哪里就有反抗，殖民地人民纷纷拿起武器进行反抗，失去土地的农民们上街示威游行。

统治者发现原先那种掠夺式的资本原始积累方式已经不能再用了，于是新的、更为文明的募集式资本积累方式——股份制出现了。

最早的股份制公司就出现在英国。它的出现，造就了所有权与经营权分离的现实，产生了对经营者经营业绩、企业偿债能力、分红政策进行检查的需要，从而催生了最早的公共会计师职业。

1853年，世界上第一个会计师协会——英国爱丁堡会计师公会的成立，是会计从私人（企业）核算领域向公共领域发展的重要标志。

因为公司治理结构是这样的:

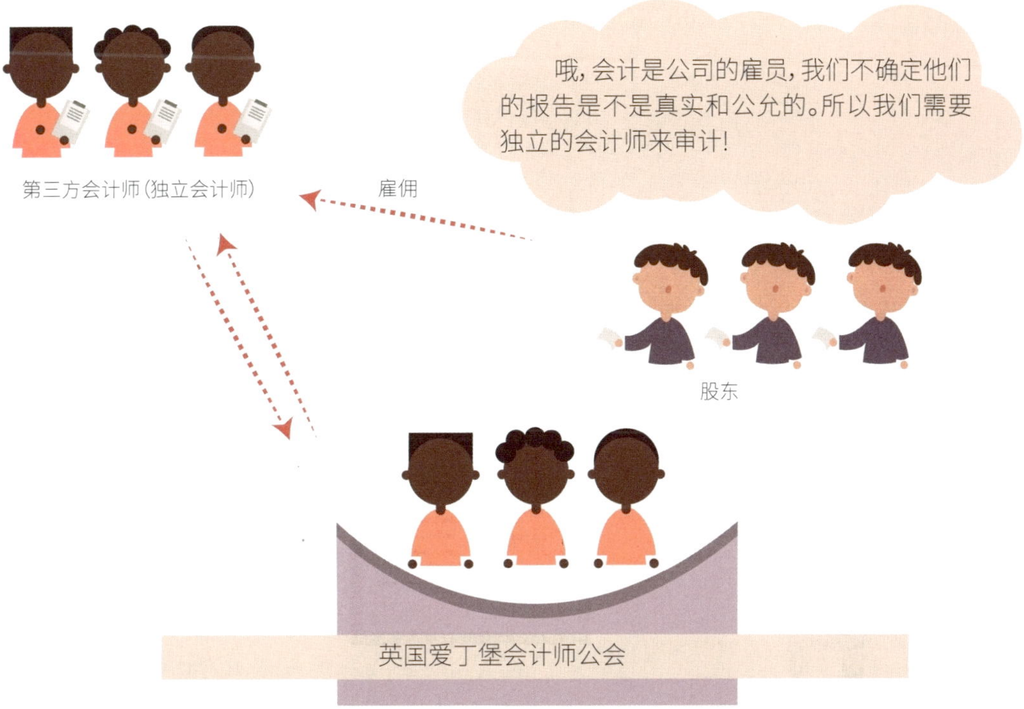

1853年，世界上第一个会计师公会——英国爱丁堡会计师公会成立，这是私人(企业)会计向公众领域延伸的重要标志。

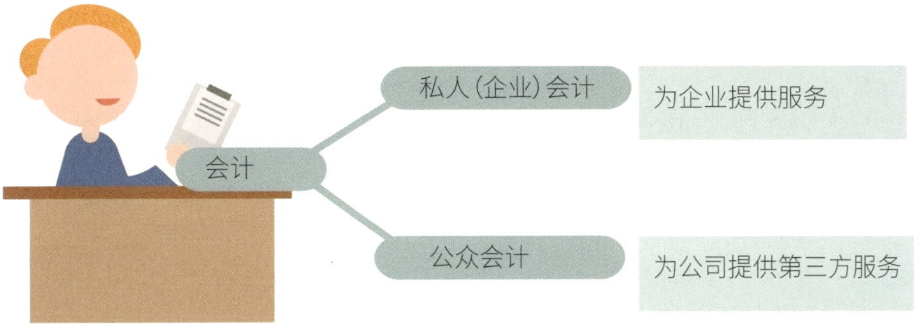

总结一下

近代会计的两大特点

- 其一，会计核算已成为一种完整的方法体系，会计的职能已从生产、管理职能中独立出来。

- 其二，会计已从私人领域发展到公共领域。

三、现代会计（19世纪初期以后的会计）

两次世界大战削弱了英国乃至整个欧洲的经济实力，远离主战场的美国取代英国，成为世界经济的中心及会计发展最快的地区。

扫二维码，了解现代会计

于是美国人建了很多高楼大厦，成立了纽约证券交易所，将股份制企业的股票在交易所上市交易，许多企业因此成为上市的跨国公司，其股票被卖给了全世界。

与此同时，科技的迅速发展使得计算机代替了手工记账。

请看下面的解释哦！

随着美国经济、科技的发展，股份公司的筹资渠道已从国内市场向国际市场拓展。跨国公司的出现，使得加强企业管理显得尤为重要。会计也从原先只提供对外信息的财务会计向为企业内部管理服务的管理会计领域发展。

同时，随着科学技术的飞速发展，手工记账逐渐被计算机所取代。

管理会计是由最初的内部财务会计发展而来的。财务会计主要是对外提供信息，管理会计主要为内部管理人员提供信息。

财务会计主要向外部信息使用者提供信息。

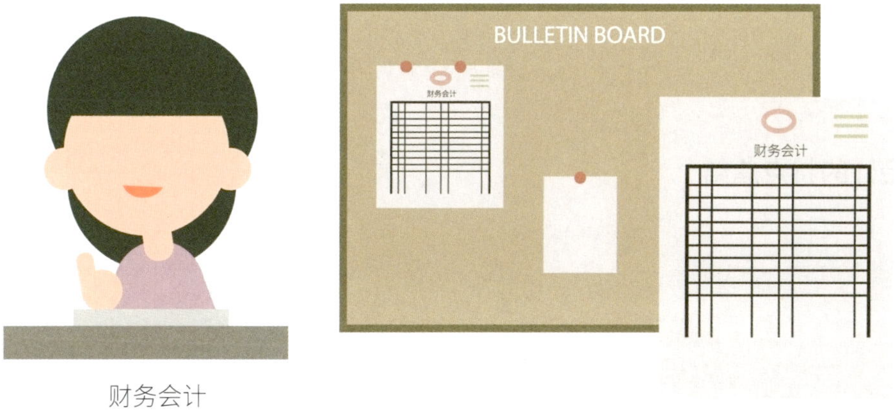

财务会计

管理会计服务于内部管理人员。

管理会计

现代会计的特点总结：

计算机代替了手工记账；财务会计与管理会计成为会计的两个重要分支。

会计的产生与发展历史的总结：

会计是伴随着经济发展和管理发展的需要而产生与发展的，经济越发展会计就越重要。

第二场　会计及相关概念

一、会计的概念

二、会计的对象

所谓会计的对象是会计服务的客体，即会计反映与监督的具体内容——一定单位的资金及其运动。实质上，会计对象也可表述为“一定单位的经济业务”。而所谓经济业务，是指引起企业资金发生增减变化的业务。企业有了经济业务，企业资金才会发生变化。

由于人们对会计理论与实践的认识角度不同，对会计概念有不同的认知，目前比较流行的观点是管理活动论与信息系统论。

比如，工业企业会计反映与监督的具体内容如下。

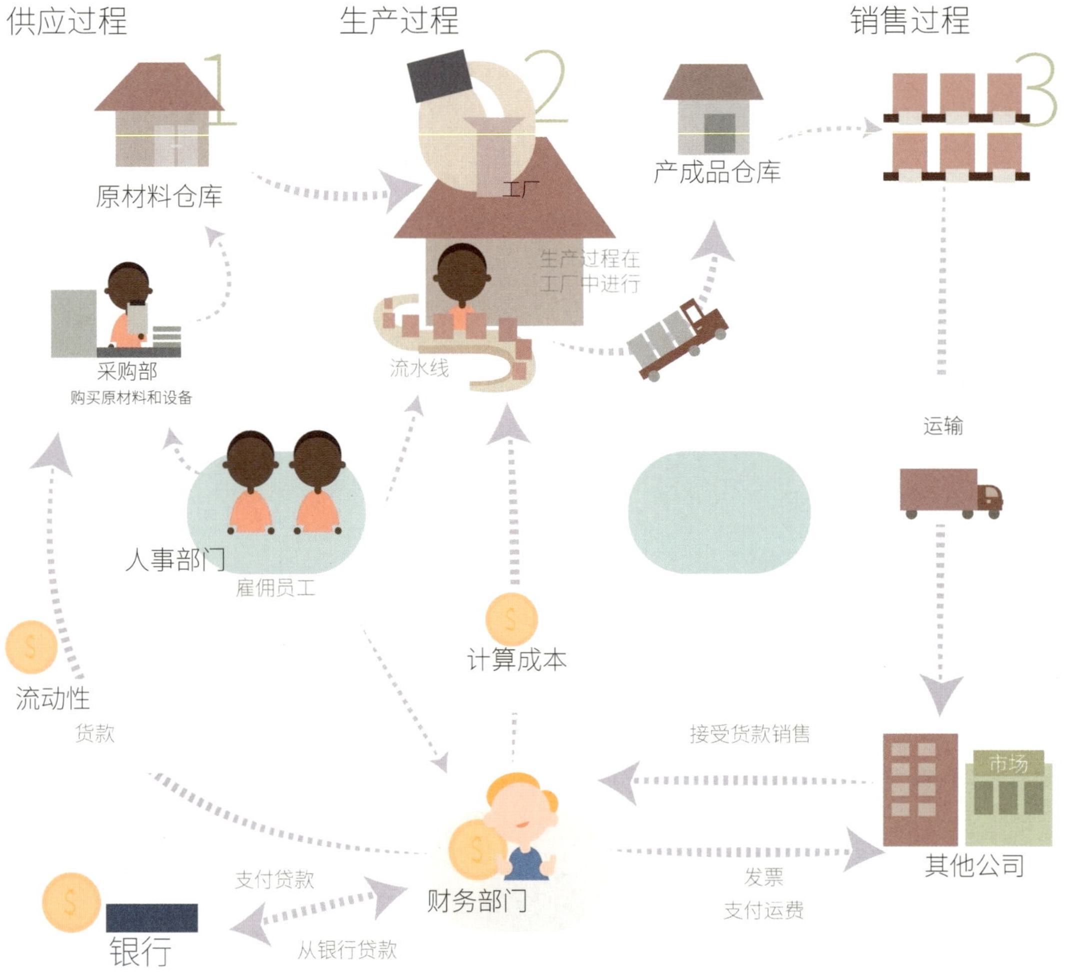

根据上面的图表，我们可知会计关心的问题有：

进出库货物数量;原材料成本;生产中使用了多少原材料?生产成本是多少?员工的工资是多少?销售收入是多少?运输费用是多少?

管理人员(包括供应、人事、车间、销售部门等)关心的问题有：

到哪里去买原材料？要招多少人员？如何生产？如何销售产成品？产成品如何运输出去？

企业会计的对象：

单位的资金及其运动。

三、会计的职能

所谓职能是事物本身所具有的功能，是事物本质的表现。会计的职能是会计的客观功用，会计的基本职能是反映与监督。

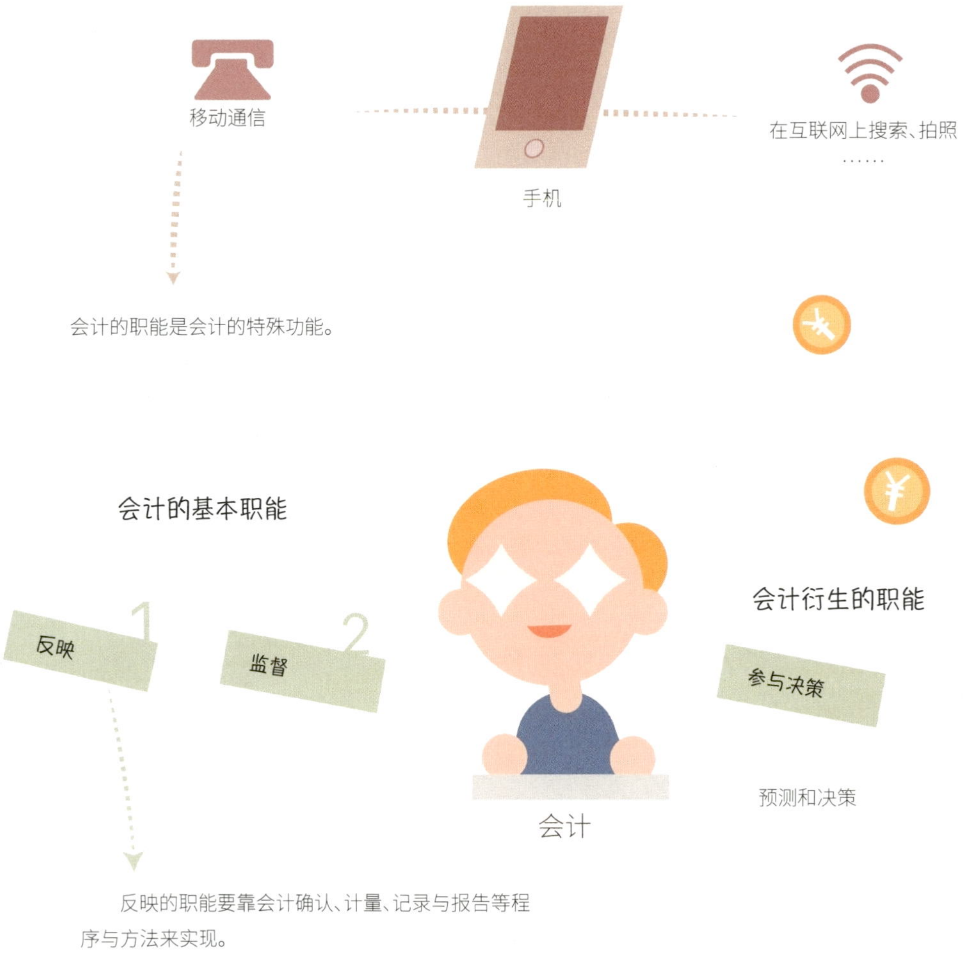

（一）反映的职能

第一步：会计确认

会计确认是指根据一定的判断标准，在经济业务发生或完成后，判断该业务进入会计信息系统的时间、具体的项目及报告体系。

会计确认的基本内容：

1. 确认记入本期还是以后各期（时间）；

2. 确认记入什么项目（如库存现金或应付账款）。

第二步：会计计量

会计计量包括计量尺度及计量属性的选择。应考虑计量是采用实物量度、时间量度还是货币量度。计量属性是指采用的价值标准，可以是历史成本、重置成本、现值、公允价值等。

1. 计量尺度
   - 实物量度
   - 时间量度（课时/工时）
   - 货币量度

2. 计量属性
   - 历史成本
   - 重置成本
   - 现值
   - 公允价值
   - ……

第三步：会计记录

会计记录是在会计确认、会计计量工作的基础上，运用一定的方法，对会计的对象（企业的资金及其运动），进行分类、汇总、加工处理以形成有用的会计信息。

采用的方法有：

- 设置账户
- 复式记账
- 登记账簿
- 编制会计报表

……

第四步：列报与披露

会计列报与披露是指会计信息列示与公布，财务会计报告通常是指由会计报表、会计报表附注及其他财务分析报告所组成的信息报告。

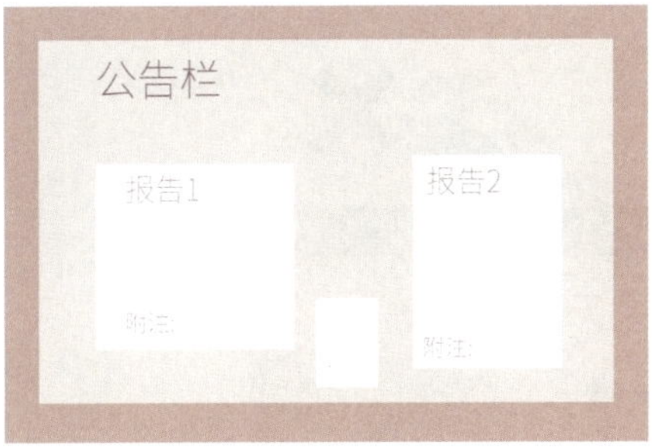

- 会计报表
- 会计报表附注
- 其他财务分析报告

（二）监督的职能

会计监督是以法律法规、会计准则、会计制度及企业的财务计划等为基础的监督，包括事前、事中及事后的监督。

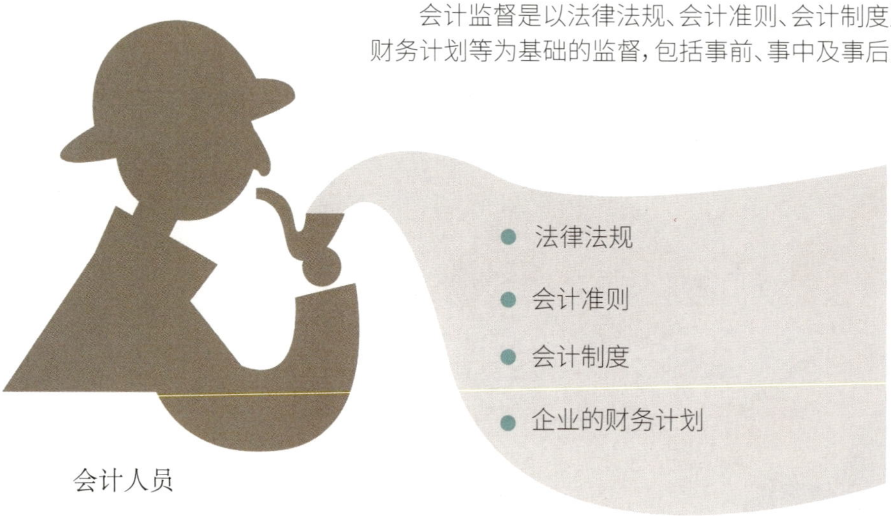

① 事前监督

经济业务发生之前的监督是最节约的监督，可以使损失降到最低。

② 事中监督

事中监督是在经济业务发生过程中的监督。比如，企业职工用不合理、不合规的发票报销时会计人员可以拒绝。

③ 事后监督

经济业务发生后，应对其有效性进行分析，以及时止损，并提出调整或改进意见。

(三) 会计衍生的职能

以前，作出预测和决策是总经理的责职，如今，总经理会借助会计师、律师、工程师的专业知识，让他们参与预测和决策。

专业人员参与预测和决策，一方面可以增加预测和决策的精确性；另一方面也提高了专业人员在企业管理中的地位。

四、会计的目标

会计的目标与企业管理的总体目标相同，即利益最大化。

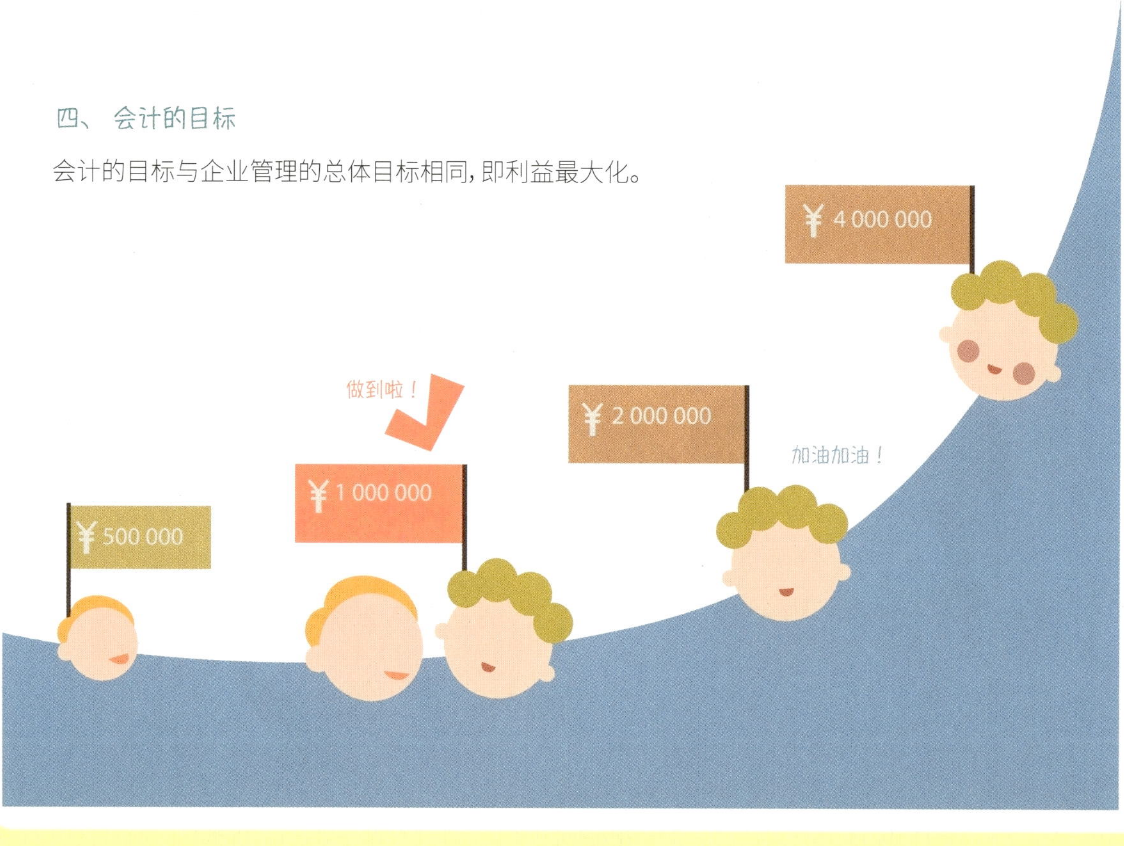

会计目标的具体内容：满足内部和外部信息用户的需求。

外部信息使用者

国家财政部门
税务部门
投资者
债权人
其他用户

内部信息使用者

业务经理

所以，会计的概念可以总结为，会计是对一定单位的经济业务进行计量、记录、分析和检查，作出预测，参与决策，实行监督，旨在实现最优经济效益的一种管理活动或者信息系统。

第三场　会计机构与组织会计工作

一、会计机构

会计机构是指从事、组织和领导会计工作的职能部门，包括政府会计管理机构与单位会计机构。

（一）政府会计管理机构

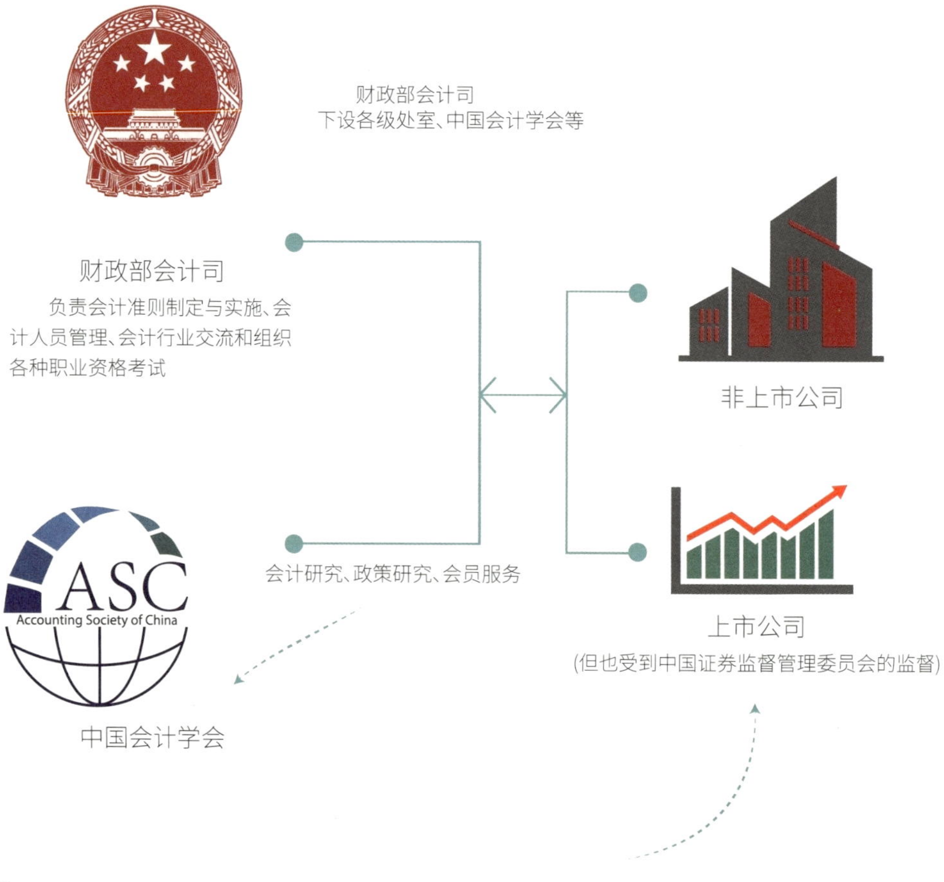

注意哦：

证监会制定上市公司披露和报告政策，监督上市公司披露和报告政策的实施。

（二）单位会计机构

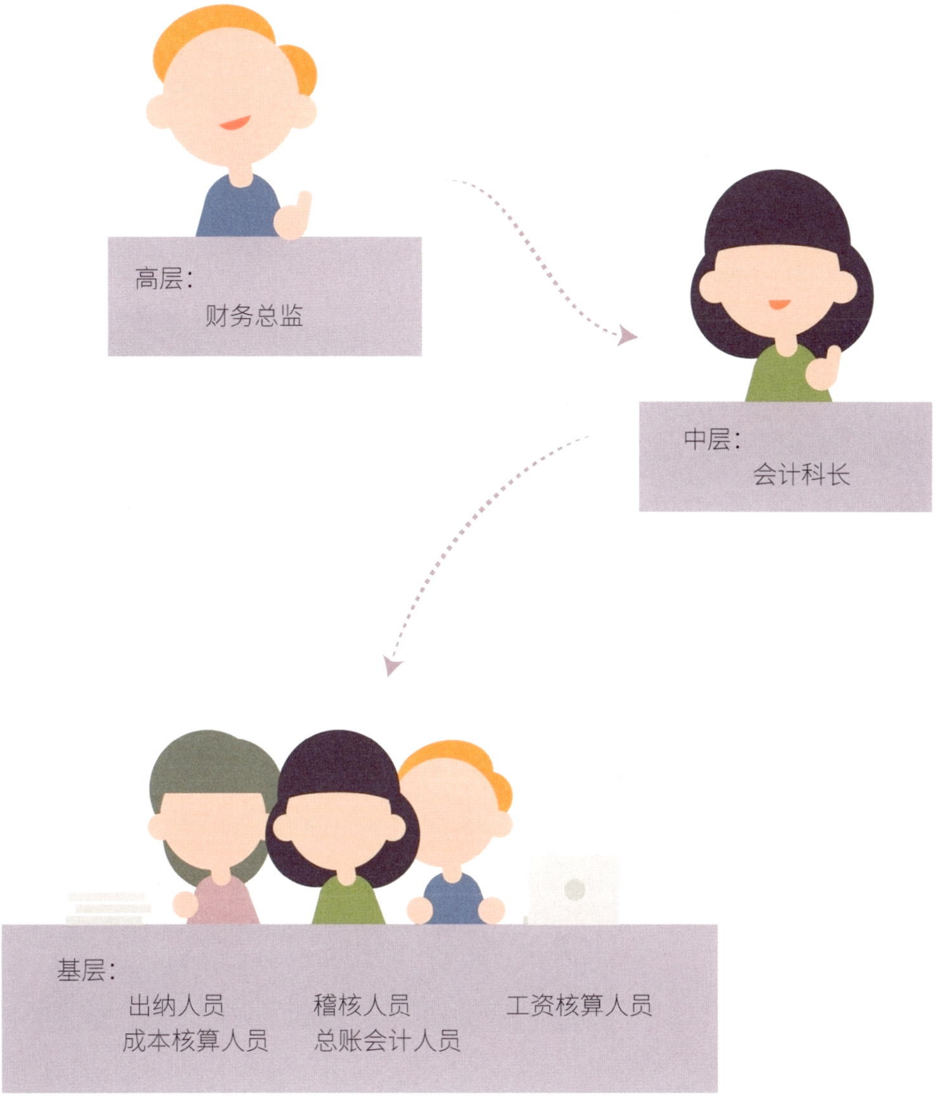

二、组织会计工作

组织会计工作的主要内容：

会计制度设计

会计政策选择

会计核算

财产清查

内部控制制度建设

三、 会计职业

这里的会计职业主要涉及会计人员的职业生涯，包括从事的会计工作的性质，会计专业职称与执业证书。从事的会计工作的性质如企业会计师、公共会计师。

会计专业职称，是会计人员专业知识和能力、业务经验及水平的标志。在我国企事业单位实行专业技术职务聘任制度。

2019年后，会计专业职称分为初级、中级、副高级和正高级四级。

按现行制度，副高级会计师职称评定一般采取考试和评审结合的制度；正高级会计师职称评定一般采用评审的方式；中级会计师与初级会计师资格的取得采取全国统一考试制度。会计人员由单位依据国家规定直接聘任。

大专学历及同等学力以上学生可以参加注册会计师（CPA）考试。

获得CPA证书后，可从事公共会计师工作。

第二幕 会计是个技术活

第一场 会计要素与会计等式

一、会计要素

会计要素是对会计对象所进行的基本分类，包括资产、负债、所有者权益、收入、费用、利润。

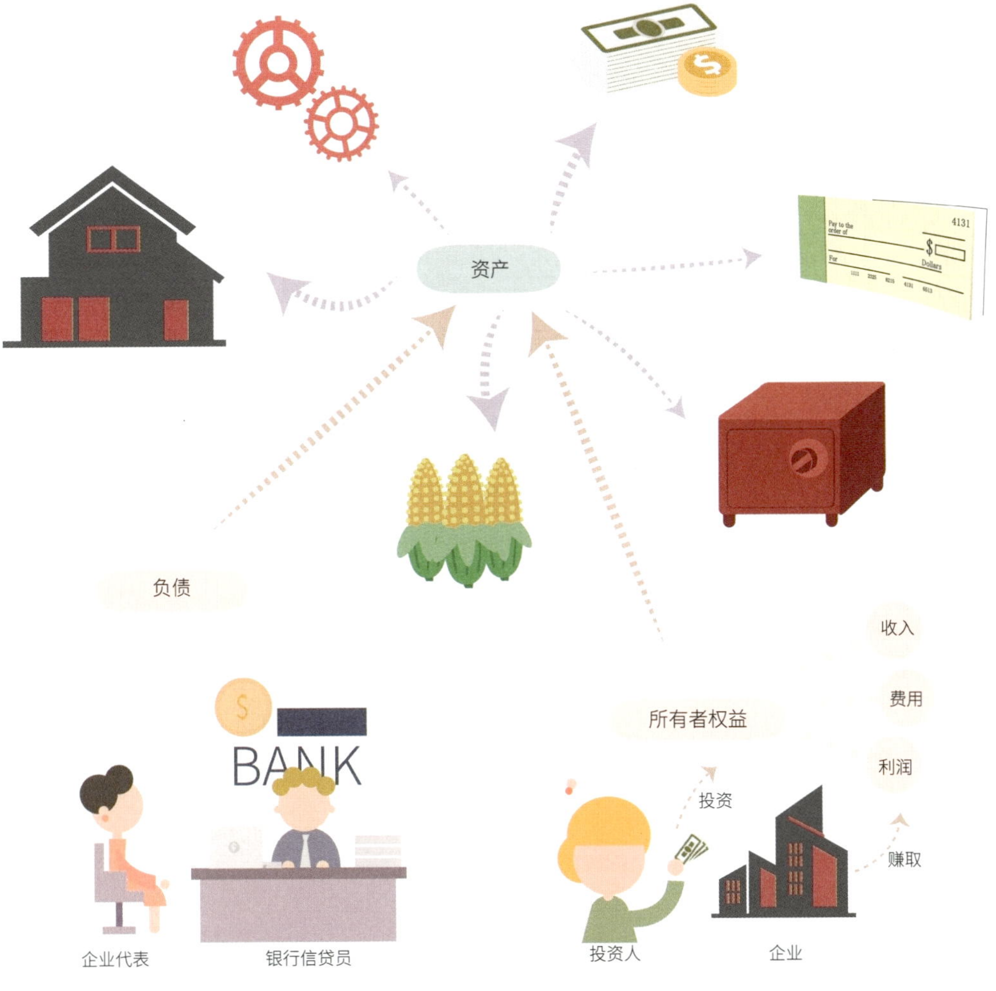

会计对象的内容很多，如何将它们有效地记录下来呢？比较好的方法是从不同的视角进行分类以方便记录。

所谓不同视角就是对企业的资金——企业财产物资的货币表现以及货币本身的运动，从其来源及运用的角度来观察。从资金的来源视角看，资金表现为负债与所有者权益。

负债是借入的资金；所有者权益是来自投资者投入的资金及赚取的资金。

从资金运用的视角看，资金则表现为资产，包括钱、财、物及债权等。

根据中国《企业会计准则》，企业的会计要素分为六项：资产、负债、所有者权益、收入、费用、利润。

资产：资产是指企业过去的交易或者事项形成的，由企业拥有或者控制的，预期会给企业带来经济利益的经济资源。

特征：

(1)资产是企业在过去的交易或事项中取得的；
(2)资产是企业拥有所有权或控制权的经济资源；
(3)资产预期会给企业带来经济利益。

负债：负债是指企业过去的交易或者事项形成的，预期会导致经济利益流出企业的现时义务。

特征：

(1)负债是由于过去的交易或事项形成的，是企业当前承担的义务；
(2)负债到期必须偿还，一般不能无条件取消，除非债权人主动放弃其权益；
(3)负债需要在将来通过转移资产或者提供劳务等形式予以偿还。

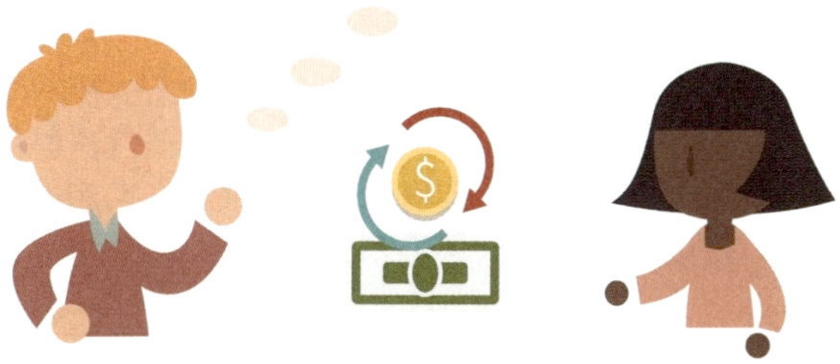

所有者权益:所有者权益是指企业资产扣除负债后由所有者享有的剩余权益。

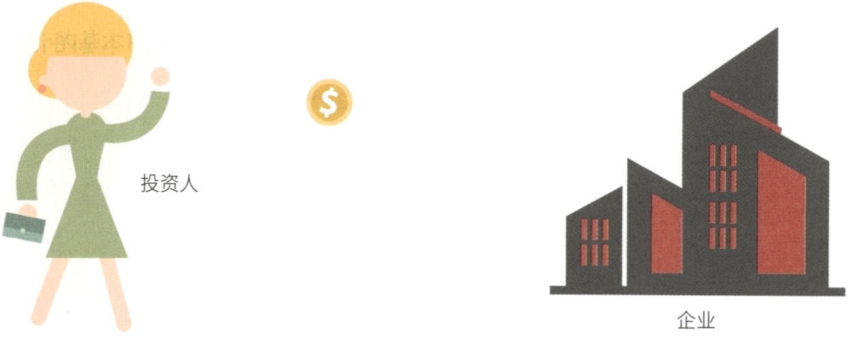

特征:

(1)所有者权益是伴随投资人的投资行为而产生的;
(2)所有者投资所形成的资产是企业清偿债务的物质保证;
(3)所有者以其出资份额享有获取企业利润的权益,同时,也以出资份额为限承担企业的经营风险。

利润：利润是所有者权益的重要来源渠道之一，是指企业在一定会计期间的经营成果。利润=收入-费用

收入：收入是指企业在日常活动中形成的，会导致所有者权益增加的，与所有者投入资本无关的经济利益的总流入。

举个例子：

费用：费用是指企业在日常活动中发生的，会导致所有者权益减少的，与向所有者分配利润无关的经济利益的总流出。

再举个例子：

因此，就有了以下的等式：

资产=负债+所有者权益（收入-费用=利润）

二、会计等式及会计事项对会计等式的影响

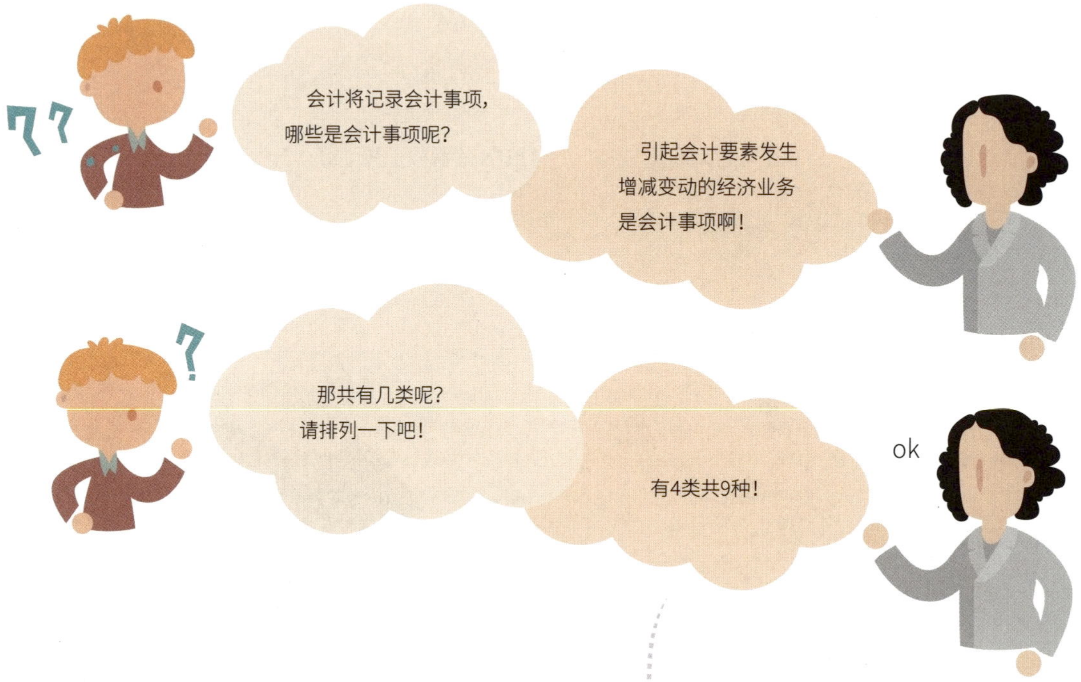

		资产	=	负债	+	所有者权益
第一类	①	+				+
	②	+		+		
第二类	③	−		−		
	④	−				−
第三类	⑤	+ −				
第四类	⑥			+ −		
	⑦					+ −
	⑧			+		−
	⑨			−		+

企业资金

● 资金运用　　　　● 资金来源

● 例A:　资产　=　负债　+　所有者权益

1 投资者将现金10 000元投入企业。

+ 库存现金 10 000

+  + 

投资者

+ 实收资本 10 000

2 企业从银行借入款项50 000元。

+ 库存现金 50 000

+  + 

+ 负债　　50 000

3 企业用现金5 000元购买原材料。

+原材料　5 000
-库存现金　5 000

4 企业借新债还旧债20 000元。

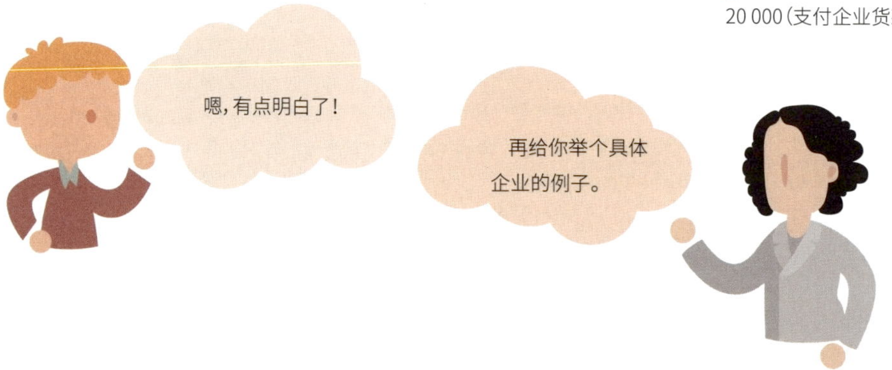

● 例B:

假定某企业已有资金100万元，其中：

● 资金运用　● 资金来源

100万元资产 = 50万元负债+ 50万元投入资本

(1 000 000+100 000) = 500 000+(500 000+100 000)

投入现金10万元

2

企业从银行借入现金30万元

1 100 000+
300 000
=
(500 000+300 000)+
600 000

3

企业用现金10万元购入原材料

1400 000-
100 000(现金)+
100 000(原材料)
=
(500 000+300 000)+
600 000

4

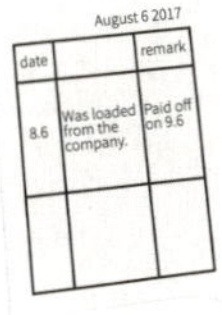

企业借新债还旧债20万元

1 400 000
=
(500 000+300 000)+
600 000 + 200 000 –
200 000

= 1 400 000

看样子，若将上述几类业务所涉及的金额加计一遍，等式两边金额总是相等的。

总而言之，会计等式是恒等式。

第二场 会计科目与账户

一、会计科目

会计记账也要利用一下会计等式：资产=负债+所有者权益。

还是用第一场的例子进行说明。

期初余额：

	1 0000 00 资产	=	500 000 负债	+	500 000 所有者权益
①	+ 100 000				+100 000
②	+ 300 000		+ 300 000		
③	+ 100 000 – 100 000				
④			+ 200 000 – 200 000		

期末余额：

1 400 000 资产 = 800 000负债 + 600 000 所有者权益

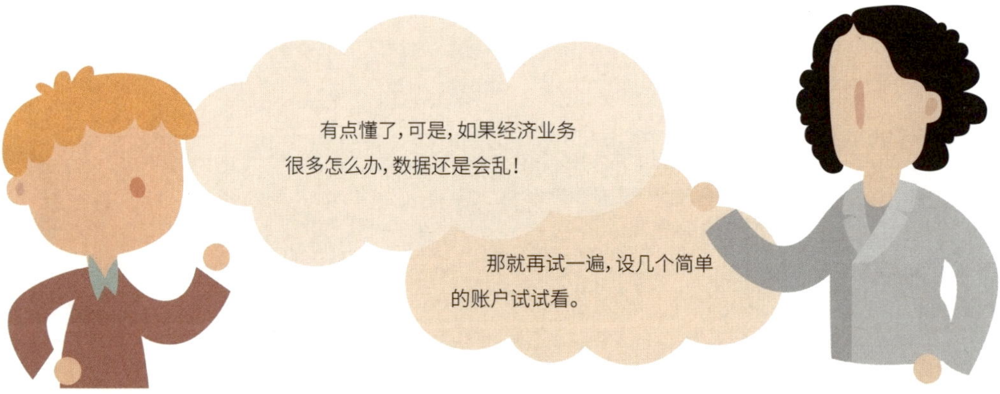

将例B的数据填到T型账户中

资产 = 负债 + 所有者权益

库存现金

期初余额 6 000 000	③ − 100 000
+ ① 100 000	
+ ② 300 000	
期末余额 1 300 000	

短期借款

④ − 200 000	期初余额 500 000
	② + 300 000
	期末余额 600 000

实收资本

	期初余额 500 000
	① + 100 000
	期末余额 600 000

原材料

③ + 100 000	−
期末余额 100 000	

其他应付款

	④ + 200 000
	期末余额 200 000

期末余额：

资产	=	负债	+	所有者权益
1 300 000+100 000	=	600 000+200 000	+	600 000

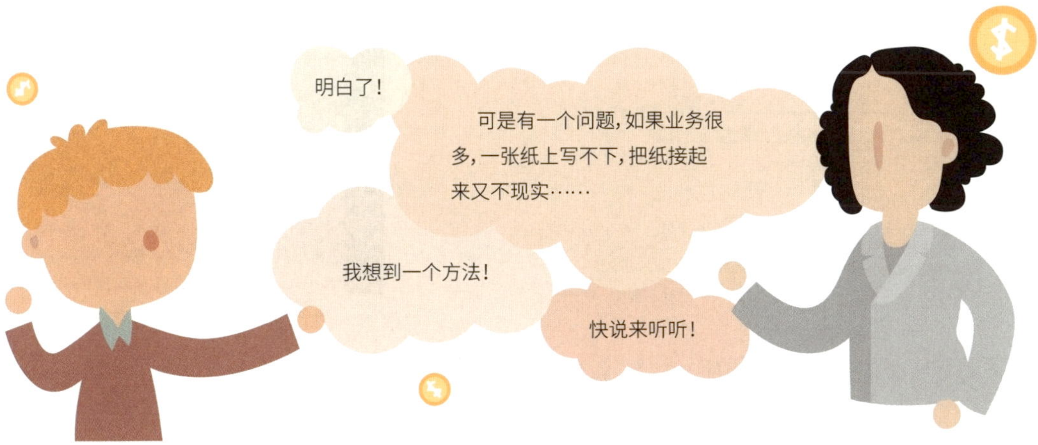

将T 形账户的格式

库存现金

期初余额	949 000	
	20 000	
期末余额	969 000	

改成：

总分类账（三栏式）

总第　页
分第　页
编号　页

会计科目　库存现金

年		凭证号数	摘要	借方	贷方	借或贷	余额
月	日						
6	1		期初余额			借	949 000
	7		购入XXX设备	20 000			969 000
	…						
	…						
	…						
	30		本月发生额及余额				969 000

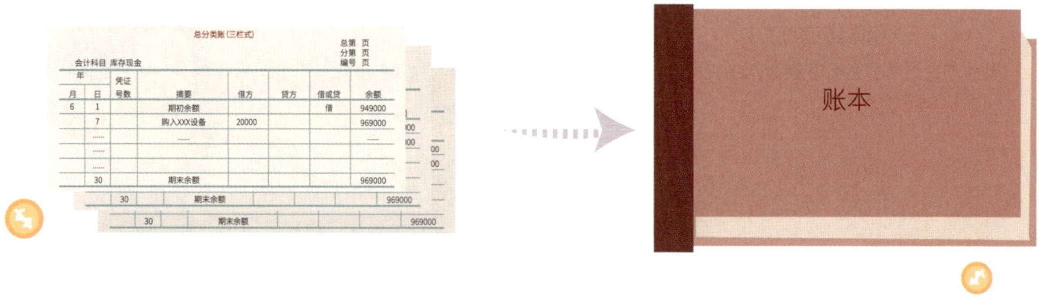

然后将这些账页装订成册，再加上封面，就变成账本了。

二、账户

账户是根据会计科目——对会计要素进一步分类的名称开设的，具有一定的结构和格式，用来连续、系统分类记录会计要素具体内容增减变动的一种专门的工具。

账户的分类

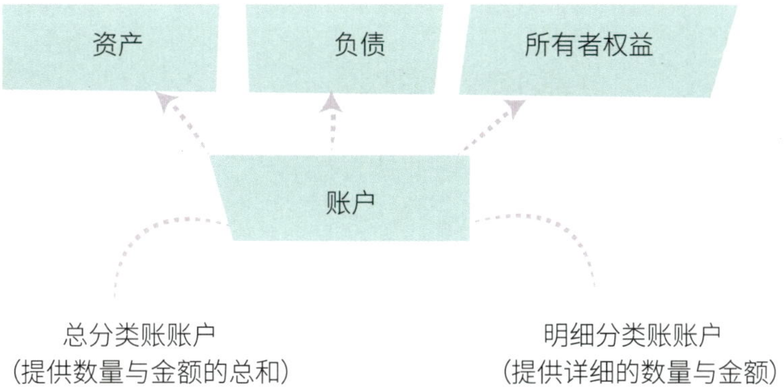

例如：

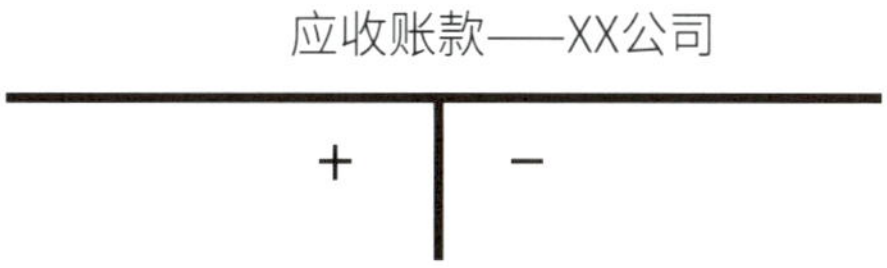

资产是会给企业带来经济利益的经济资源，大多数公司使用以下资产类账户。

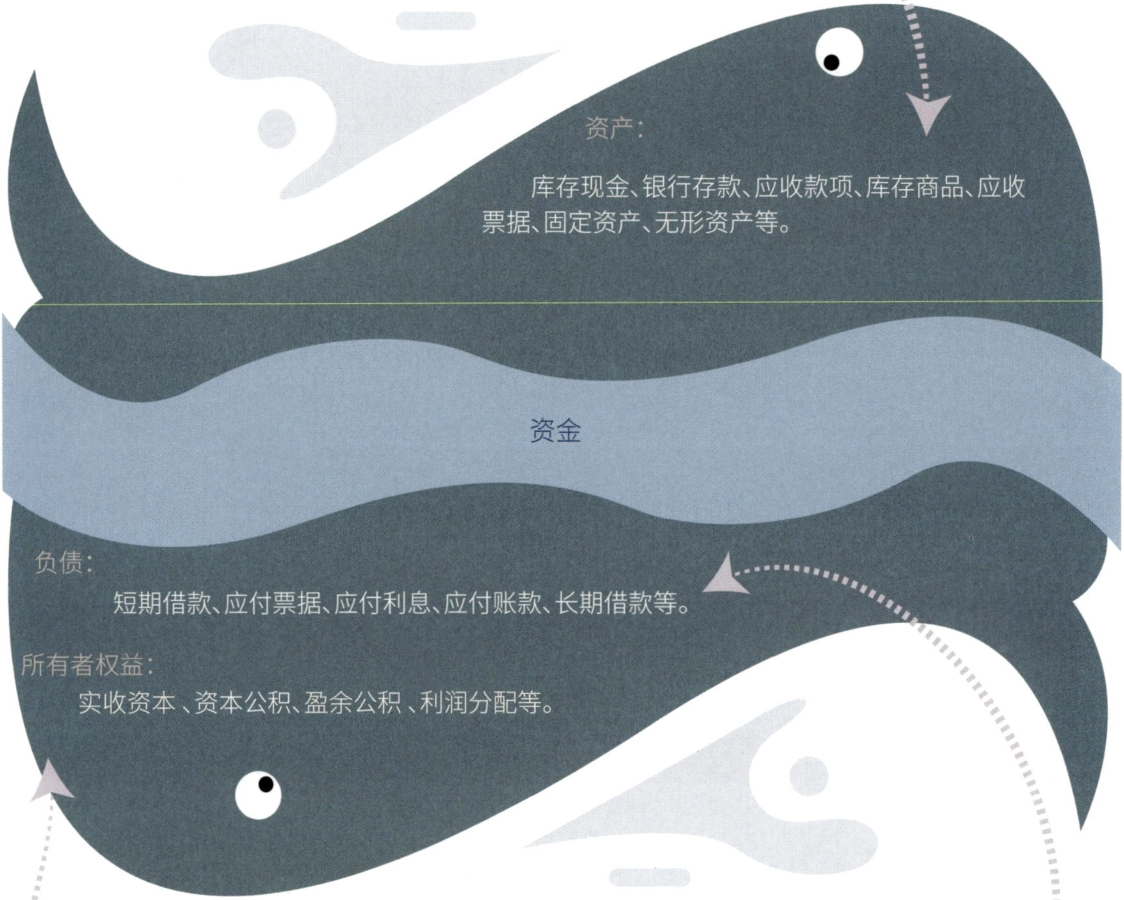

注意：

应收款项始终是一种资产，应付款项则是一种负债。最常见的负债类账户包括以上几种。

所有者权益是对公司净资产的要求权，主要账户有以上几种。

账户的格式

简单格式：T形账户

账户名称

借	贷

正式格式：

账户名称：　　　　　　　　　　　　　　　账户编号：

日期	摘要	借	贷	余额

注：为区别账户的性质，T形账户的结构通常分为：

资产类账户

负债类账户

所有者权益类账户

费用类账户

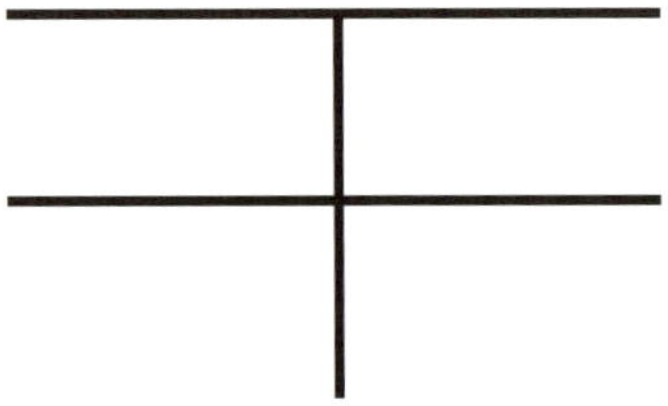

收入类账户

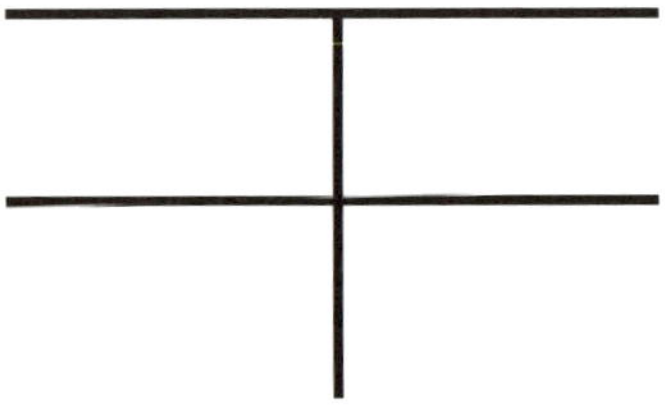

账户内容项目的计算公式为：

期末余额 = 期初余额 + 本期增加额 − 本期减少额

第三场　复式记账法

一、记账方法的概念

记账方法，是指在账户中记录经济业务的方式和方法。从会计发展的历史看，人类历史上采用并经过长期实践的记账方法主要有两种：单式记账法和复式记账法。

（一）单式记账法

单式记账法是对发生的每一项经济业务只在一个账户中进行单方面记录的一种方法。

（二）复式记账法

复式记账法是从单式记账法发展而来的。它是指对发生的每一项经济业务，都以相等的金额，同时在相互联系的两个或两个以上的账户中进行登记的一种记账方法。

扫二维码，了解复式记账法

举例

(1) 某企业20XX年12月1日从银行借入短期借款300 000元，存入企业银行账户。

(2) 20XX年12月2日，该企业用银行存款购入企业经营用汽车一辆，价格为100 000元。

在单式记账法下：只设置一个账户。

账户名称：银行存款　　　　　　　　　　　　　　　　　　账户编号：____

日期	摘要	借	贷	余额
12.1		300 000		300 000
12.2			100 000	200 000
	期末余额			200 000

在复式记账法下：

根据会计等式：资产=负债+所有者权益

银行存款　200 000
+固定资产　100 000= 短期借款　300 000
合计资产　300 000= 合计负债　300 000

需设置2个或2个以上的账户：

账户名称：银行存款　　　　　　　　　　　　　　　　　　账户编号：_1___

日期	摘要	借	贷	余额
12.1		300 000		300 000
12.2			100 000	200 000
	期末余额			200 000

账户名称: 固定资产　　　　账户编号:_2__

日期	摘要	借	贷	余额
12.2		100 000		100 000
	期末余额			100 000

账户名称: 短期借款　　　　账户编号:_3__

日期	摘要	借	贷	余额
12.2			300 000	300 000
	期末余额			300 000

即在单式记账法下,只登记银行存款账户。

而在复式记账法下,既要登记 资金运用账户:银行存款账户、固定资产账户;又要登记资金来源账户:短期借款 ;并可以用会计等式进行验证其做账的准确性。

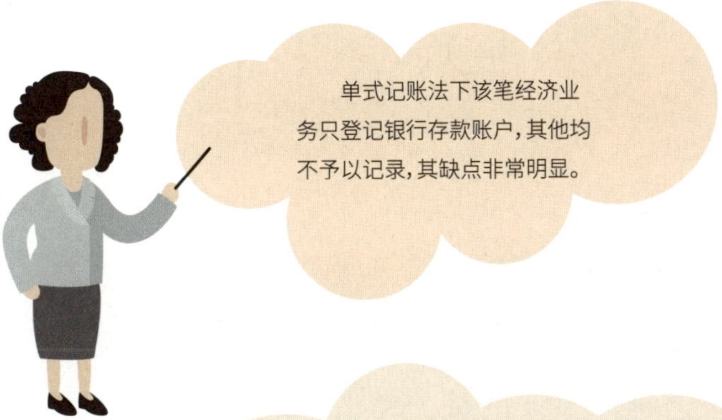

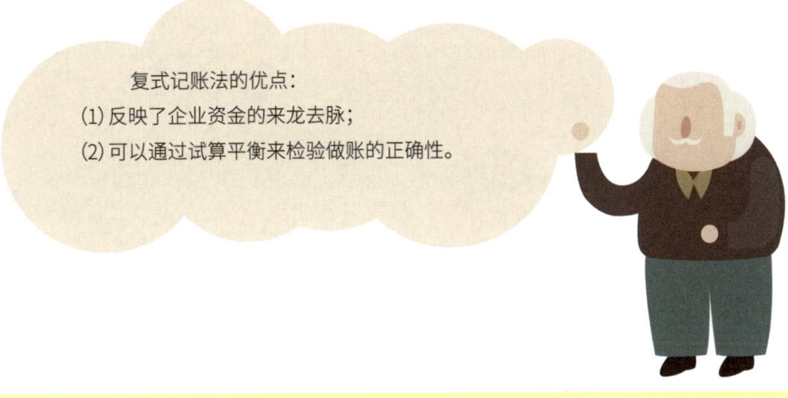

二、借贷记账法

借贷记账法是以“借”“贷”作为记账符号替代增减符号，以会计恒等式为理论依据，对每一项经济业务都以相等的金额同时在两个或两个以上相互联系的账户中进行登记的一种复式记账法。

借贷记账法的特点：①记账符号 → 借（Debit）；贷（Credit）

回顾一下，之前讲到为了反映会计等式两边账户性质的区别，将账户分为以下的格式。“T”形账户对应两种性质的账户时登记规则也有两种。

②左右规则如下：

资产		负债		所有者权益		费用		收入	
+	−	−	+	−	+	+	−	−	+

它涉及:借方=左边，贷方=右边。

资产		负债		所有者权益		费用		收入	
借	贷	借	贷	借	贷	借	贷	借	贷

哎，这样T形账户的格式都统一了！

于是，总结出一个规则：

资产、费用的增加记在账户的左边（借方），减少记在账户的右边（贷方）；

资产

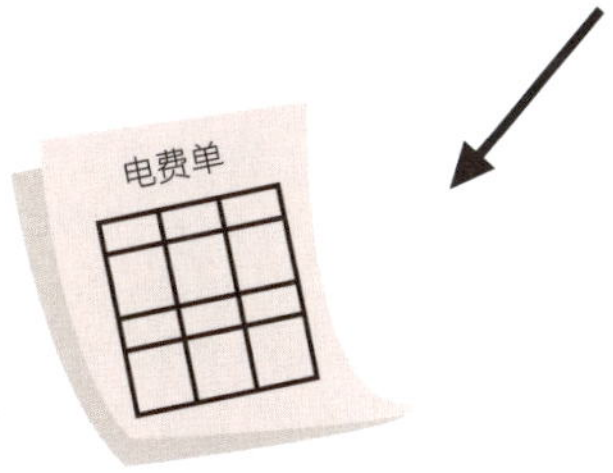

费用

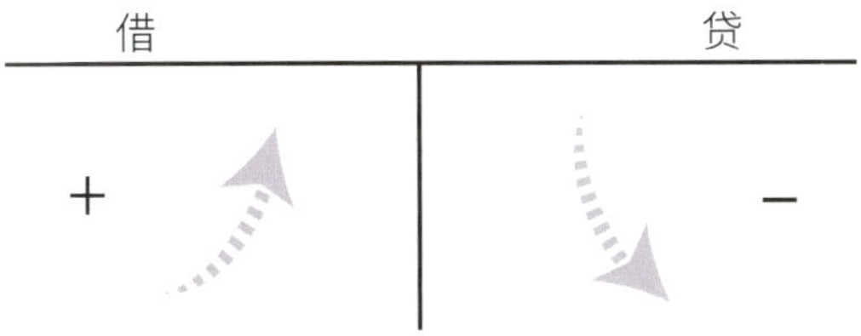

相反，负债、所有者权益、利润的增加记在账户的右边（贷方），减少记在账户的左边（借方）。

负债

所有者权益

收入

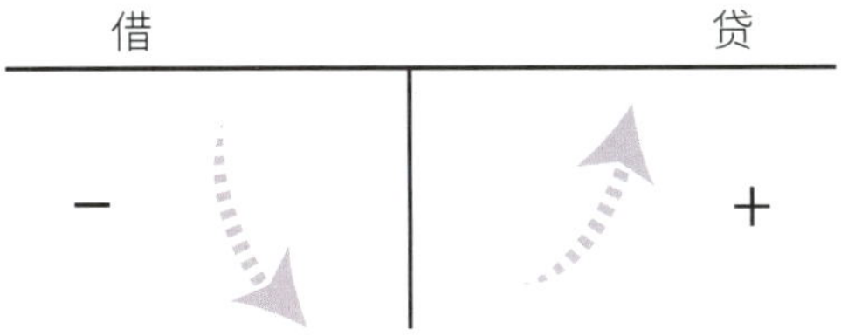

假设XX公司是20XX年11月30日成立的一家公司，刚成立时，投资者初始投入的本金为500 000元，已存入银行账户。

会计分录：

金额

借：XXX　　　　100 000
　　贷：XXX　　　　100 000

科目名称

注：中国会计是将会计分录登记到记账凭证上，西方国家会计则是登记到普通日记账上，这个内容将在后面章节展开。

12月1日，企业只有两个账户中有期初余额。

银行存款（1002）

期初余额　500 000	

实收资本(4001)

	期初余额　500 000

12月，发生了以下经济业务。

①收到投资者追加投资200 000元，已存入企业银行账户。

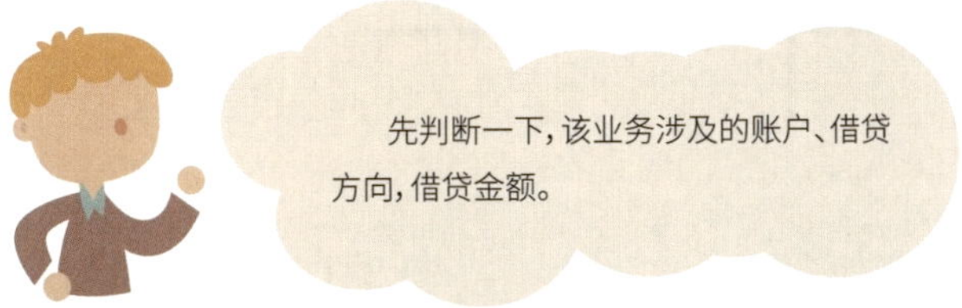

投资者

该业务对会计等式的影响：

资产=负债+所有者权益

+(借)　　　　+(贷)

借：银行存款　　　200 000

　贷：实收资本　　　　200 000

注：将业务①的会计分录的内容分别登记到银行存款账户(1002)和实收资本账户(4001)。

② 购入原材料一批，价款为100 000元，款项暂欠。

该业务对会计等式的影响：

资产 = 负债 + 所有者权益

+（借） +（贷）

借：原材料　　　　100 000

　贷：应付账款　　　　100 000

注：将业务②的会计分录的内容分别登记到原材料账户（1002）和应付账款账户（2202）

原材料（1002）

②100 000	
期末余额100 000	

③以银行存款支付前欠货款5 000元。

该业务对会计等式的影响：

资产 = 负债 + 所有者权益

–（贷） –（借）

借：应付账款　　　　5 000

　贷：银行存款　　　　5 000

注：将业务③会计分录的内容分别登记到银行存款账户（1002）和应付账款账户（2202）

④某投资者决定收回前期投资额100 000元，已经有关部门批准，公司用银行存款支付。

该业务对会计等式的影响：

资产=负债+所有者权益

–（贷）　　　–（借）

借：实收资本　　　100 000

　　贷：银行存款　　　100 000

注：将业务④会计分录的内容分别登记到银行存款账户（1002）和实收资本账户（4001）。

⑤购入设备一台，价款50 000元。已用银行存款支付。

该业务对会计等式的影响：

资产=负债+所有者权益

+（借）

–（贷）

借：固定资产　　　50 000

　　贷：银行存款　　　50 000

注：将业务⑤会计分录的内容分别登记到银行存款账户（1002）和固定资产账户（1601）

银行存款（1002）

期初余额：500 000 ①200 000	③5 000 ④100 000 ⑤50 000
期末余额：545 000	

固定资产（1601）

⑤50 000	
期末余额：50 000	

⑥向银行申请短期借款50 000元，用于支付前欠货款。

该业务对会计等式的影响：

资产=负债+所有者权益

+（借）

−（贷）

借：应付账款　　50 000

　贷：短期借款　　50 000

注：将业务⑥会计分录的内容分别登记到应付账款账户（2202）和短期借款账户（1402）

短期借款（1402）

借方	贷方
	⑥50 000
	期末余额：50 000

⑦按照法定程序，投资者A将投入资本100 000元转让给投资者B。

该业务对会计等式的影响：

资产=负债+所有者权益

+（借）

−（贷）

借：实收资本——A　　100 000

　贷：实收资本——B　　100 000

注：将业务⑦会计分录的内容登记到实收资本账户（4001）。

⑧ 按照法定程序，企业将部分投资者股权50 000元转为债权。

该业务对会计等式的影响：

资产=负债+所有者权益

+(贷)　–(借)

借：实收资本　　50 000

　贷：长期借款　　50 000

注：将业务⑧会计分录的内容分别登记到实收资本账户(4001)和长期借款账户(2501)。

长期借款(2501)

	⑧50 000
	期末余额：50 000

⑨本公司所欠某公司应付账款90 000，经双方协商，转作该公司对本公司的投资款，有关手续已办妥。

该业务对会计等式的影响：

资产=负债+所有者权益

–(借)　+(贷)

借：应付账款　　90 000

　贷：实收资本　　90 000

注：将业务⑨会计分录的内容分别登记到实收资本账户(4001)和应付账款账户(2202)。

实收资本(4001)

⑦100 000 ⑧50 000	期初余额：500 000 ①200 000 ⑦100 000 ⑨90 000
	期末余额：740 000

应付账款(2202)

③5 000 ⑥5 000 ⑨90 000	②100 000
	期末余额 0

让我们总结一下。

9大类型的业务做完后，可以发现以下规律：有借必有贷，且借贷金额一定是相等的。

由此，可以得出记账规则：有借必有贷，借贷必相等。

⑵将所有账户的期初余额、本期发生额、期末余额进行结算，并填入下表，可以得出试算平衡公式。

总分类账户本期发生额及余额试算平衡表

20XX年12月31日

账户名称	期初余额		本期发生额		期末余额	
	借方	贷方	借方	贷方	借方	贷方
银行存款	500 000		200 000	155 000	545 000	
原材料	0		100 000	0	100 000	
固定资产	0		50 000	0	50 000	
应付账款	0		100 000	100 000		0
短期借款	0		0	5 000		5 000
长期借款		0	0	5 5000		55 000
实收资本		500 000	250 000	390 000		640 000
合计	500 000	500 000	700 000	700 000	695 000	695 000

用会计等式表示，期末12月31日公司账户余额为：

资产	=	负债	+	所有者权益
银行存款　545 000		短期借款　5 000		实收资本 640 000
原材料　100 000		长期借款 50 000		
固定资产　50 000				
合计　695 000		695 000		

试算平衡公式如下。

发生额平衡公式：全部账户的借方发生额合计=全部账户的贷方发生额合计

余额平衡公式：全部账户的借方余额合计=全部账户的贷方余额合计

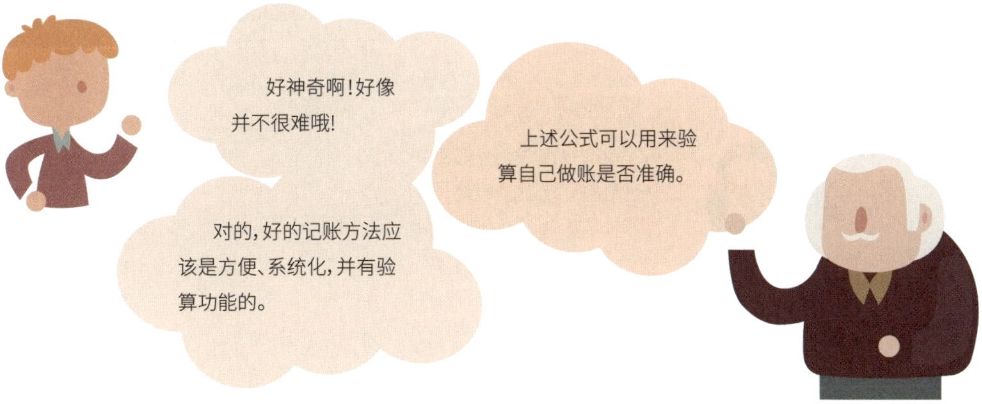

借贷记账法有：

DR or CR

记账符号：借、贷

理论基础：会计等式

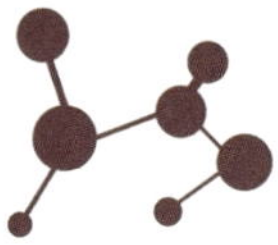

账户结构：

资产、费用类账户，借方表示增加，贷方表示减少，其他账户则相反。

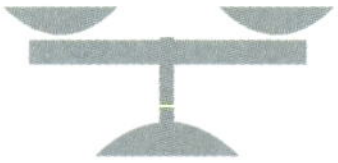

试算平衡：

发生额平衡，余额平衡。

记账规则：

有借必有贷，借贷必相等。

第三幕 职场练手初体验

——以制造业企业的主要业务为例

商业企业与制造业企业经营活动的特点是有所不同的。

商业企业

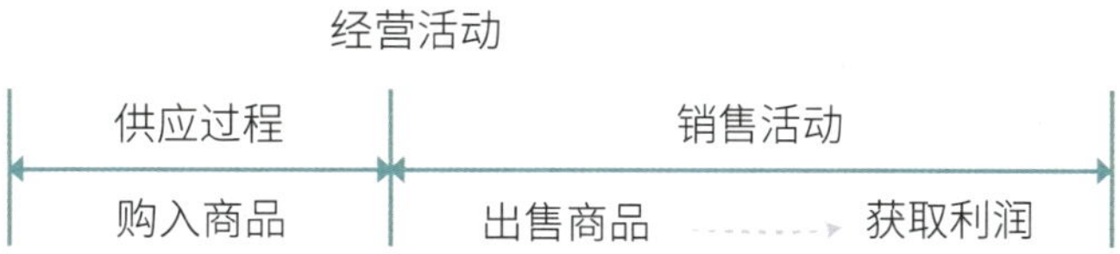

制造业企业

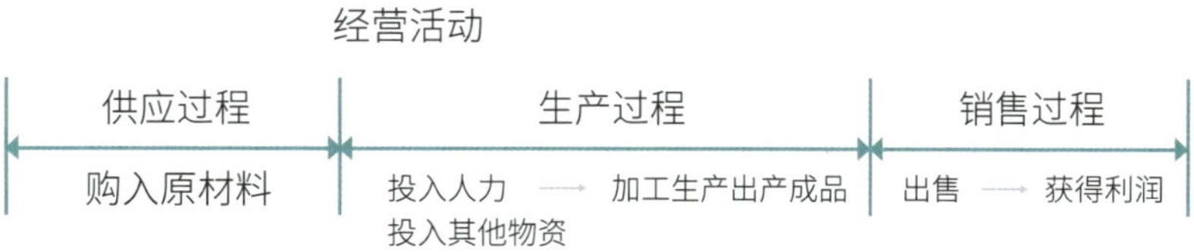

由于制造业企业的经营活动更复杂、全面，所以本书以制造业企业为例讲述会计处理。

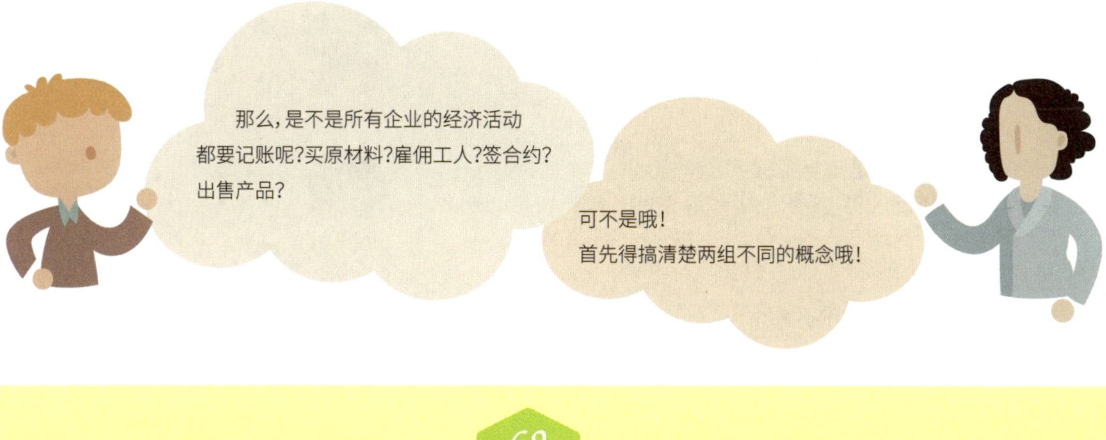

一、经济活动与会计事项

企业在日常的经营过程中所发生的活动，都称为经营活动。

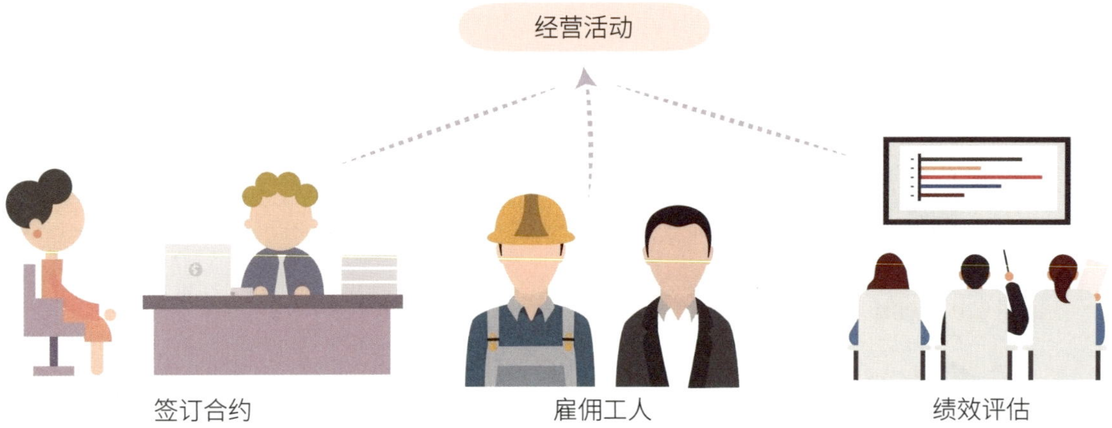

- 会计事项（经济业务）

会计事项是可以用货币计量的，能引起资金发生增减变化的事项。

支付工资

- 事项的分类

① 外部事项，是指两个或更多的主体之间的财产转移或交换等业务。

② 内部事项，是指与企业内部单位或者个人有关的业务，如职工借款或领用原材料。

购买

领用原材料

会计只记录会计事项。

二、会计核算基础

在记账工作中，通常要按月进行总结，计算每月的收入、费用、利润及资产、负债、所有者权益的金额。

比如：

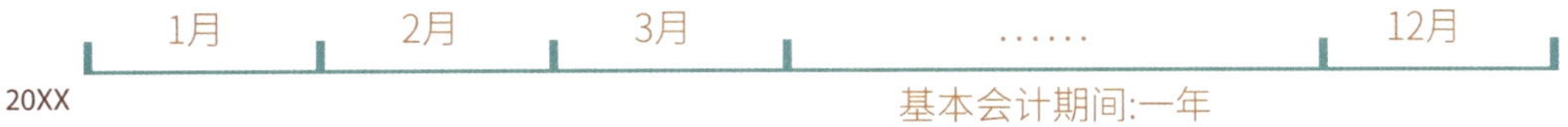

每月的利润 = 每月的收入 — 每月发生的费用

举几个例子吧：

① 20XX年12月22日，对外赊销商品200件，单价4 000元/件，商品已发出但货款要在下一年1月10日才能收到；

② 20XX年12月23日，为企业仓库购买下一年度的财产保险，共20 000元，保险费已从银行支付。

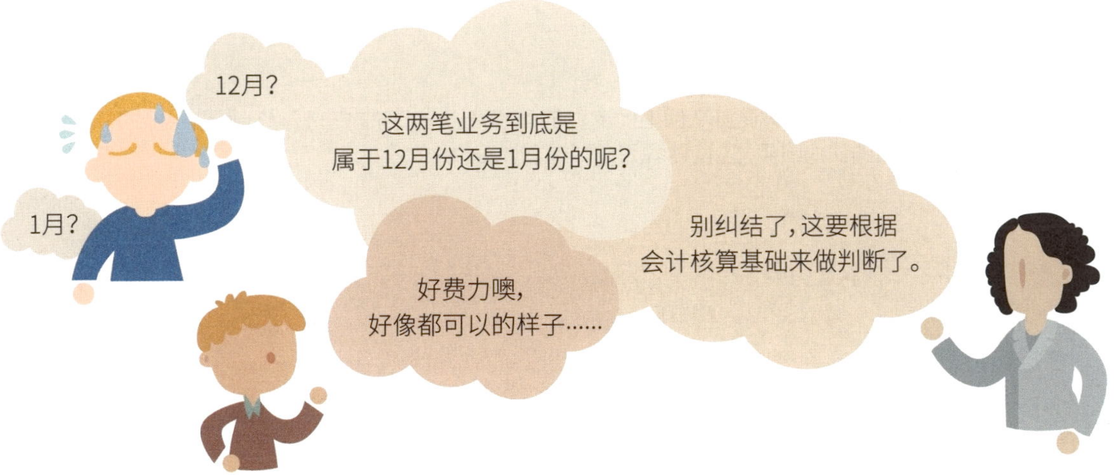

● 权责发生制

权责发生制是以款项的应收应付为标准来确认收入和费用的一种会计处理基础。

① 12月22日的业务，企业已发出商品，获得了收取货款的权利，因此，在当日应确认收入。

会计分录为：

借：应收账款　　　　　　800 000

　　贷：主营业务收入　　　　　800 000

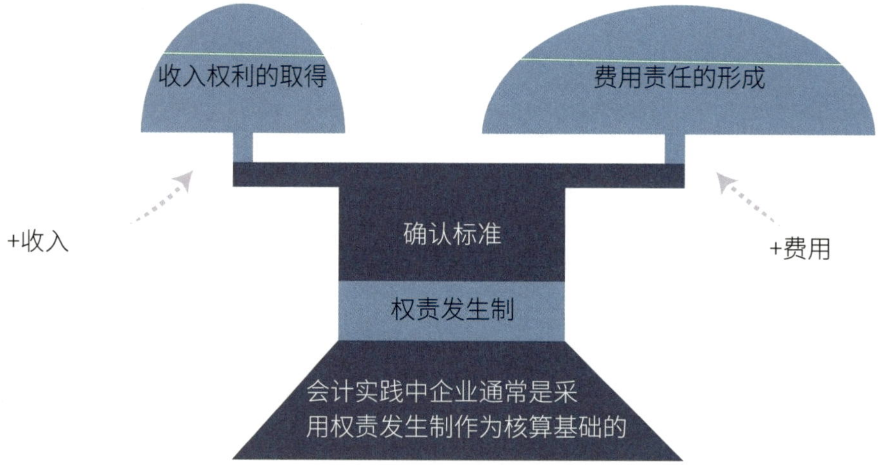

② 12月23日，为下一年度购买财产保险而支付的保险费，是付款在先（12月），得到保险的好处在下一年度，因此，本月不能确认为费用，应该理解为预付账款。

会计分录为：

借：预付账款　　　　　　20 000

　　贷：银行存款　　　　　　20 000

● 收付实现制

收付实现制是在款项的实际支付和收到现金时确认本期收入与费用的一种会计处理基础，也称为现金制。

仍使用前面的例子来说明。

① 12月22日，公司的货物由运输公司运出。公司获得收取款项的权利，但尚未收现，那么在收付实现制基础上，就不应在本月确认收入。没有会计分录。

② 12月23日的业务，尽管是为下一年度购买财产保险，但是是在12月23日付现的，则以收付实现制为基础，就应当确认费用。

会计分录为：

借：管理费用　　　　20 000

　　贷：银行存款　　　　20 000

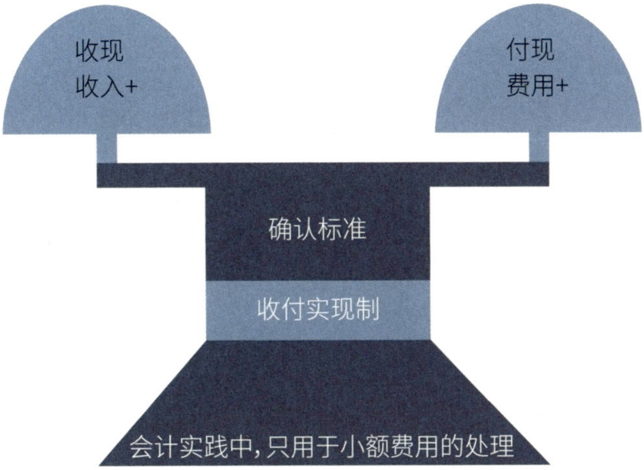

我国《企业会计准则》规定：

“会计核算应当以权责发生制为基础。”

三、制造业企业的主要会计业务

第二场 资金筹集的核算

一、资金的筹集

企业资金的筹集方式

- 投资者投入（所有者投入）
  - 国家投入
  - 法人（企业）投入
  - 个人投入
  - 外商投入
- 债权人投入
  - 国家债权人
  - 法人（企业）债权人
  - 个人债权人
  - 外商债权人

注：

法人：有限责任公司、无限责任公司

企业：独资企业、合资企业、事业单位、社会团体等

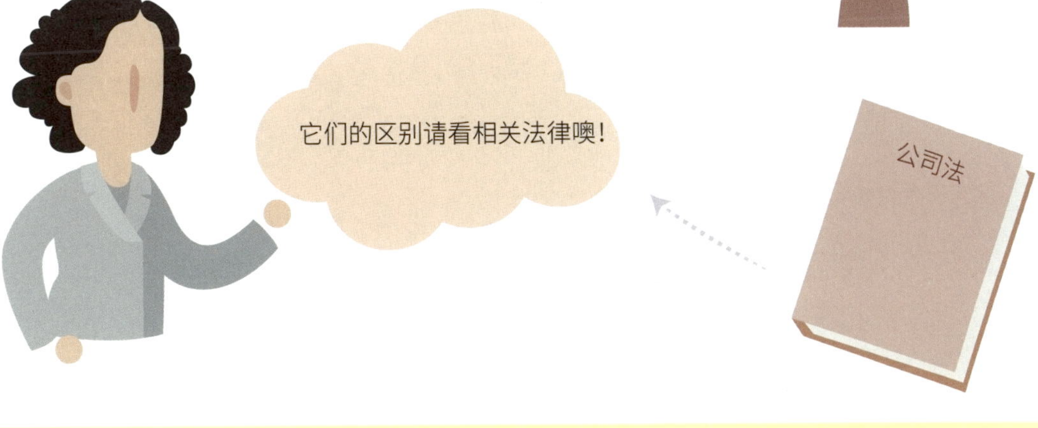

二、所有者投入资本的核算

- 核算所有者投入资本的科目有如下几个。

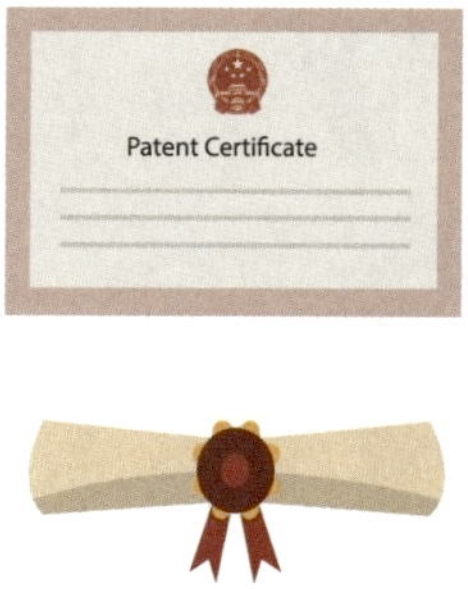

① 库存现金：包括人民币现金和外币现金。

② 银行存款：企业在银行账户中的货币资金。

③ 固定资产：企业为生产商品、提供劳务、出租或经营管理而持有的，且使用寿命超过一个会计年度，单价超过一定的金额的资产，如厂房、汽车、设备等。

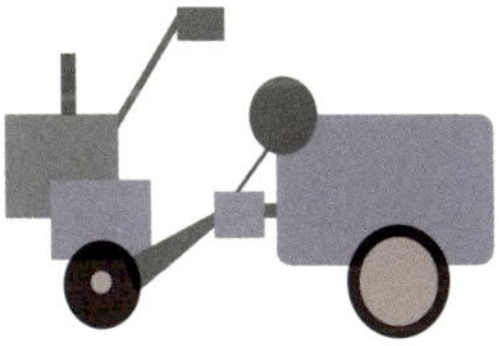

涉及的资产账户有如下几个。

库存现金

借	贷
现金收入数	现金支出数
期末实际持有的库存现金	

银行存款

借	贷
存入银行的存款增加数	提取或支出存款而引起的减少数
期末存放在银行的存款数	

固定资产

借	贷
取得的固定资产原始价值的增加	因出售、报废等原因而减少的固定资产原始价值
期末实际拥有的固定资产原始价值	

那么涉及的所有者权益类科目有哪些呢？

涉及的所有者权益类科目有如下几个。

① 实收资本：企业实际收到的投资者投入的资本金（注：股份有限制企业为“股本”）。

② 资本公积：企业收到的投资者出资额中超过其资本金的那部分以及直接计入所有者权益的利得和损失。

涉及的所有者权益类账户有：

实收资本

借	贷
按规定程序报批核准减少的资本金	企业实际已收到的投资者投入资本金的增加数
	企业期末实有的资本金

资本公积

借	贷
资本公积减少数	资本公积增加数
	期末尚存的资本公积结余数

● 举例说明

① 假定本公司为非股份有限制，企业收到投资者投入资本金2 000 000元，其中国家投入1 000 000元，A公司投入700 000元，方宏个人投入300 000元，款项均已存入银行。

银行存款

借	贷
① 2 000 000	

实收资本

借	贷
	① 2 000 000
	② 110 000

会计分录为：

借：银行存款　　2 000 000

　贷：实收资本——国家资本　　1 000 000

　　　　　　——A公司资本　　700 000

　　　　　　——方宏个人资本　　300 000

② 本公司收到B公司投资转入的原材料一批和固定资产（机器）一台，其中原材料双方确认的价值为30 000元，投入固定资产（机器）的价值为80 000元。

资产 = 负债 + 所有者权益

原材料

借	贷
② 30 000	

固定资产

借	贷
② 80 000	

会计分录为：

借：原材料　　30 000

　　固定资产　　80 000

　贷：实收资本——B公司　　110 000

结论：

经过上述的两项业务：

企业资产余额 = 2 000 000 + 30 000 + 80 000 = 2 110 000（元）

负债余额（0元）+ 所有者权益余额（2 110 000元）= 2 110 000（元）

④ 假设本公司为一家股份制企业，委托甲证券公司代理发行普通股300 000股，每股面值为1元，每股发行价为3元，假定发行费用为零，甲证券公司代理发行成功，将股款900 000元全部划入本企业账户。

资产 = 负债 + 所有者权益

银行存款

借	贷
③ 900 000	

股本

借	贷
	③ 300 000

资本公积

借	贷
	③ 600 000

会计分录为：

借：银行存款　　900 000

　贷：股本　　　　300 000

　　　资本公积　　600 000

结论：

资产余额（900 000元）= 负债（0元）+ 所有者权益（900 000元）

其中，股本 = 1元/股 X 300 000股 = 300 000（元）

注意：

普通股股本 = 1 元/ 股 X 300 000股 = 300 000（元）

资本公积 = （3-1）元 / 股 X 300 000股 = 600 000（元）

三、借入资金的计算

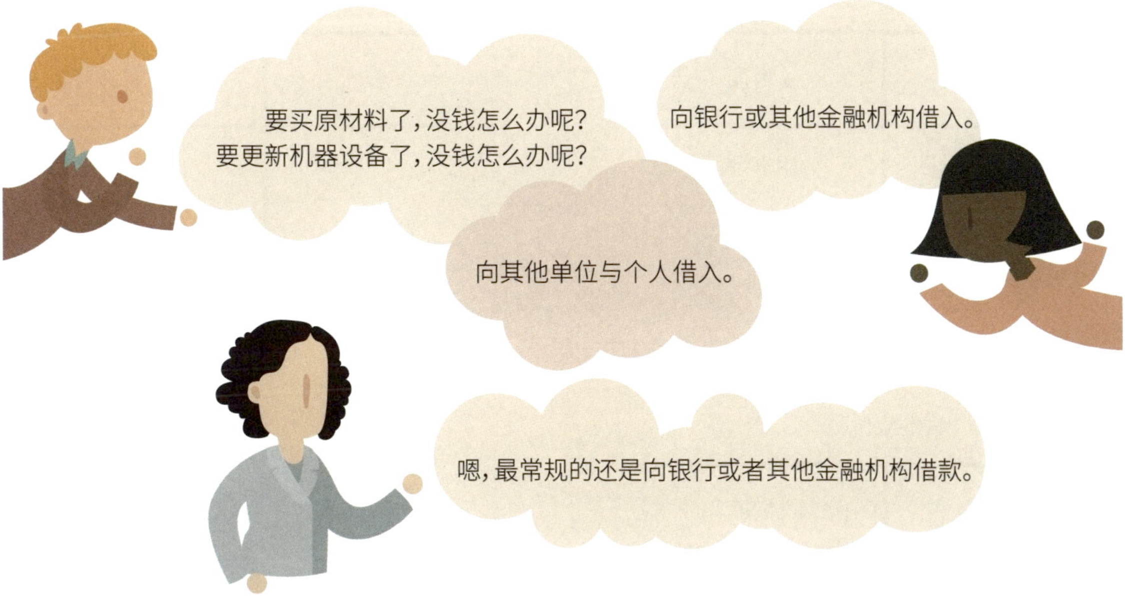

借款前，需要考虑的问题有：

- 借款期限的长短
  - 长期——一年以上
  - 短期——一年以内
- 借款成本——利息太高负担不起

● 核算借款资金的账户涉及的会计科目有如下几个。

① 短期借款：是企业向银行或者其他金融机构等借入的，期限在一年以下（含一年）的各种借款，主要目的是用于企业流动资金的周转。

② 长期借款：是企业向银行或者其他金融机构等借入的，偿还期限在一年以上的各种借款，主要目的是用于扩大再生产。比如，购买固定资产、对外长期投资等。

③ 其他应付款：是企业向其他单位或个人借入的借款。

涉及的账户有：

应付票据

借	贷
减少	增加
	期末余额

长期借款

借	贷
减少	增加
	期末余额

其他应付款

借	贷
减少	增加
	期末余额

① 假定本企业于20XX年1月1日向银行取得借款500 000元，年利率为5%，6个月后偿还本息。

借：银行存款　500 000
　　贷：短期借款　500 000

银行存款

借	贷
①　500 000 ② 2 000 000 ③　500 000	

② 本企业于20XX年1月2日向银行借入了本期的长期借款2 000 000元用于建造厂房，年利率为6%。

借：银行存款　　　　2 000 000
　贷：长期借款　　　　2 000 000

短期借款

借	贷
	① 500 000

长期借款

借	贷
	② 2 000 000

③ 本企业于同年3月向东风公司借入款项500 000元用于短期周转，期限为3个月，年利率为5.5%。

借：银行存款　　　　500 000
　贷：其他应付款　　　　500 000

其他应付款

借	贷
	③ 500 000

小结：　资产　=　负债　+　所有者权益
3 000 000 = 500 000 + 2 000 000 + 500 000 + 0

（假设这里没有涉及所有者权益及其他账户的期初余额。）

第三场 生产资料购置的核算

经理

员工

一、购置固定资产

（一）固定资产的特点

企业的固定资产主要是生产工具（场所），如房屋、建筑物、机器设备、机械运输工具等。

固定资产的特点：单价大于一定金额且使用时间长于一年。

会计在记账时需要考虑的问题

- 外购
  - 需要安装
    - 原始成本 =
买价 + 安装材料、
安装人工费及交纳的税金等
  - 不需要安装
    - 原始成本 =
买价 + 包装费、测试费及交纳的有关税金
- 自建
  - 原始成本 =
为构造固定资产达到可使用状态前所支付的所有代价

成本

(二)举例说明

①购进全新不需要安装的设备一台，发票上注明买价100 000元，增值税额17 000元，假定税率为17%，运输费3 000元，测试费500元。

借：固定资产	103 500	
应交税费 —— 应交增值税（进项税额）		17 000
贷：银行存款		120 500

固定资产

借	贷
① 103 500	
② 206 000	

注：
前期的投资+借款，
请参见前文。

银行存款

借	贷
5 000 000	① 120 500
	② 236 000
	③ 1 020 000

应交税费

借	贷
① 17 000	
② 34 000	

在建工程

借	贷
② 202 000	② 206 000
② 4 000	
206 000	206 000
期末余额为0	

②购入需要安装的车床5台，买价200 000元，应交增值税额为34 000元，支付运输费2 000元，均用银行存款支付。同时安装车床时，领用材料物资价值1 500元，发生应付工资2 500元，月末安装交付使用。

购入车床:

借: 在建工程　　　　　　　　　　　　　202 000
　　应交税费 —— 应交增值税(进项税额)　　　　34 000
　　贷:银行存款　　　　　　　　　　　　　　236 000

借	原材料	贷
30 000		③ 1 500

注:
以前的投资者投资。

发生安装成本:

借: 在建工程　　　　4 000
　　贷:原材料　　　　　1 500
　　　应付职工薪酬　　　2 500

完成安装并交付到车间:

借: 固定资产　　　　206 000
　　贷:在建工程　　　　206 000

借	应付职工薪酬	贷
		③ 2 500

总结业务(二):

银行存款减少120 500 + 236 000 = 356 500(元);用于支付固定资产购建费 103 500 + 206 000 −(原材料1 500 + 应付职工薪酬2 500) = 305 500(元),支付应交税费17 000 + 34 000 = 51 000(元);资金来源 = 资金运用

二、购进无形资产

(一)无形资产的特点

无形资产

可以长期使用

非物质形态

价值逐渐减少

专利权、非专有技术、
商标权、著作权、土地使用权等

会计在记账时应考虑的问题

无形资产

购进 → 成本 → 原始成本 = 购进买价 + 其他费用

自创 → 成本 → 原始成本 = 自创开发使其达到预定用途前所发生的实际支出

（二）举例说明

接上例。

③ 向某技术交易公司购入专利权，买价2 000 000元，注册登记的相关费用为20 000元，用银行存款支付了1 020 000元，余款等技术配套服务到位时再付。

借：无形资产　　　　2 020 000
　　贷：银行存款　　　　1 020 000
　　　　应付账款　　　　1 000 000

借	无形资产	贷
③ 2 020 000		

借	应付账款	贷
		③ 1 000 000

小结：

银行存款减少 1 020 000元

应付账款增加 1 000 000元

用于购进无形资产 2 020 000元

资金运用 = 资金来源

一、供应过程主要业务及核算

(一) 业务流转与资金流通

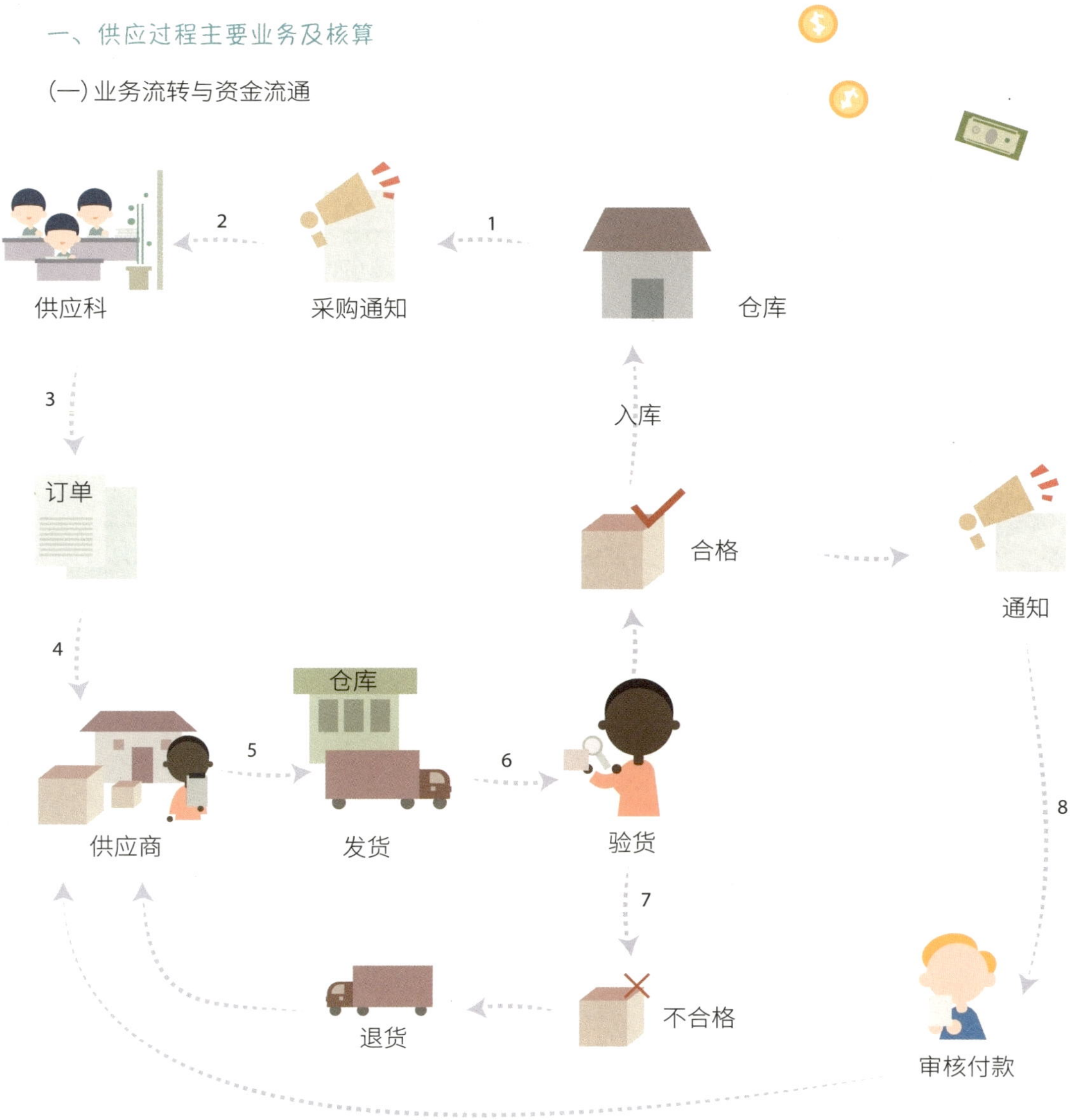

(二)会计核算的重点

- 采购成本的确定：

买价 + 运杂费 +途中合理损耗 + 除增值税以外的其他税金 + 入库前的挑选整理费 + 其他……

如果几种原材料是合并运输的，该如何分配采购费用呢？

- 采购费用分配：

一般按重量或体积分配采购费用。

计算公式：

$$\text{单位分配金额（分配率）} = \frac{\text{运杂费总额}}{\text{总重量或体积}}$$

● 涉及的账户：

在途物资

借	贷
购入材料（或商品）买价 + 采购费用	已验收入库材料的实际成本
期末尚未到达或已到达未入库的材料实际成本	

核算企业采用实际成本（进价），进行核算的材料、商品等物资的采购成本。其货款已付，而尚未验收入库。

（资产账户）

在途物资明细分类账户可以按品种规格设置。

原材料

借	贷
入库材料的实际成本	减少原材料的实际成本
期末库存材料的实际成本	

核算企业入库（库存）的各种材料，包括原料及主要材料、辅助材料、外购半成品（外购体）、修理用备件（备品备件）、包装材料、燃料等的实际成本。

（资产账户）

原材料明细分类账户可以根据原材料的种类设置。

预付账款

借	贷
预付给供货单位的货款	收到物资的总金额
尚存的预付款款项	

核算企业按照合同规定预付给供货单位的款项。

（资产类账户）

应交税费

借	贷
已交纳的各种税费	应交纳的各种税费
	期末尚未交纳的各种税费

核算企业按税法等规定应交纳的各种税费，包括增值税、消费税、所得税等。

（负债类账户）

企业到底要交哪些税呢？

a.流转税：

流转税是在商品流转过程中要交纳的除所得税以外的所有税收。

b.所得税：

所得税是以应纳税所得税额作为基础计算的要交纳的税收。

为什么要设置应交税费账户呢？

因为计算税费通常在月末，而将税费上交税务部门通常在下个月初的10日前，于是月末会形成已计算但尚未上交的税款，形成企业的短期负债。

增值税如何计算？

计算公式：商品销售价格（不含税）X 增值税税率

增值税是将不含税的销售价格，乘以一定的税率计算而得。在2018年5月1日以前，我国增值税的税率一般分四档：17%、11%、6%、0%。但2018年5月1日后，主要税率有所下降，分别为16%、10%、6%、0%。2019年调整为3%、9%、6%、0%。而未来有可能会继续调整。为简单起见，本书仍采用17%的税率进行计算。

二、供应过程的账户设置及运用

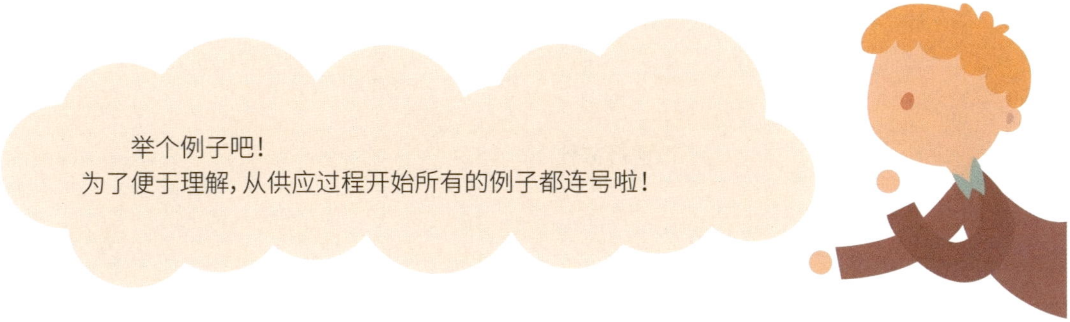

①向下列供应单位购入A材料（不含税）100千克（单价300元/千克），B材料200千克（单价400元/千克），增值税税率为17%。对方单位货已发出，货款与税款用银行存款支付。

借：在途物资

　　　　　——A材料　　30 000

　　　　　——B材料　　80 000

　应交税费——应交增值税　　18 700

　　　　　（进项税额）

　贷：银行存款　　　　128 700

● 注：由于材料还在运输途中，尚未入库，所以要先记入“在途物资”账户。

● 由于增值税是在商品流转过程中要交纳的税收，则本次购入材料要交纳的税收是：(30 000+80 000)X17%=18 700（元）

● 这部分税收要支付给上家（卖家），并由它转交税务部门。所以，当这部分金额支付给卖家时，对本企业来说是已交国家税收，即属企业负债的减少。应记入“应交税费”账户的借方。

② 用银行存款支付上述购买原材料的采购费用900元。

借：在途物资
——A 材料　　300
——B 材料　　600

贷：银行存款　　900

运输成本也要分配一下哦！

运输成本一般是按比重分配的。

分配率 = 900元 /(100千克 + 200千克)
= 3元/千克
A材料应分配：100千克 X 3元/千克 = 300（元）
B材料应分配：200千克 X 3元/千克 = 600（元）

材料采购成本计算表

项目	A材料		B材料	
	成本	单位成本	成本	单位成本
购买价格	30 000	300	80 000	400
运杂费	300	3	600	3
合计	30 300	303	80 600	403

③ 假设上述购入的原材料已验收入库，则：

借：原材料
　　——A 材料　30 300
　　——B 材料　80 600
　贷：在途物资
　　——A 材料　　30 300
　　——B 材料　　80 600

总分类账户：

原材料

借	贷
③ 110 900	

应交税费

借	贷
① 18 700	

银行存款

借	贷
	① 128 700
	② 900

在途物资

借	贷
① 110 000	③ 110 900
② 900	

明细分类账户：

应交税费——应交增值税

借	贷
① 18 700	

在途物资 —— A材料

借	贷
① 30 000 ② 300	③ 30 300
0	

在途物资 —— B材料

借	贷
① 80 000 ② 600	③ 80 600
0	

原材料 —— A材料

借				贷
	数量	单价	金额	
③	100	303	30 300	

原材料 —— B材料

借				贷
	数量	单价	金额	
③	200	403	80 600	

这个业务从资金来源与运用角度看是：

用银行存款购入原材料并支付增值税共计：110 900 + 18 700 = 129 600（元）

从账户运用的角度来看：

“在途物资”账户的用途是反映原材料的采购成本；
“原材料”账户才是反映原材料增减变动的账户。

同时可以看出，明细账是对总分类账进行详细说明的账户，总分类账是反映总括内容的账户。

④ 如果供应单位在发货前要求购货方预付部分货款共计50 000元，则因此会增加以下部分账务处理，预付时：

借：预付账款 —— XXX公司　50 000
　　贷：银行存款　　　　　　50 000

⑤ 发货后：

借：在途物资
　　　—— A材料　　　　30 000
　　　—— B材料　　　　80 000
　　应交税费 —— 应交增值税　18 700
　　　　　（进项税额）
　　贷：预付账款 —— XXX公司　　50 000
　　　　银行存款　　　　　　　　78 700

其他账户：

“预付账款”只是一个中间账户，等对方发货后，扣除已预付的金额后，企业将以银行存款付清余额。于是，“预付账款”的余额将是零。

明细分类账户：

银行存款

借	贷
	⑤ 78 700

应交税费——应交增值税

借	贷
⑤ 18 700	

应交税费

借	贷
① 18 700	

在途物资

借	贷
⑤ 110 000	

在途物资——A材料

借	贷
⑤ 30 000	

在途物资——B材料

借	贷
⑤ 80 000	

第五场 生产过程:产品生产费用归集和分配的核算

一、生产过程的主要业务及核算

(一)生产流转与资金流通

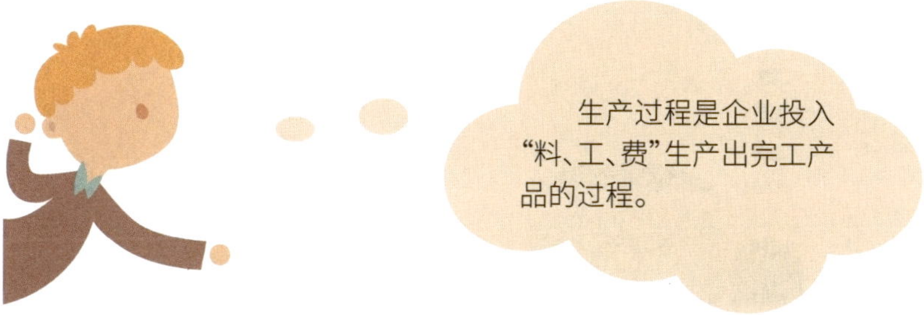

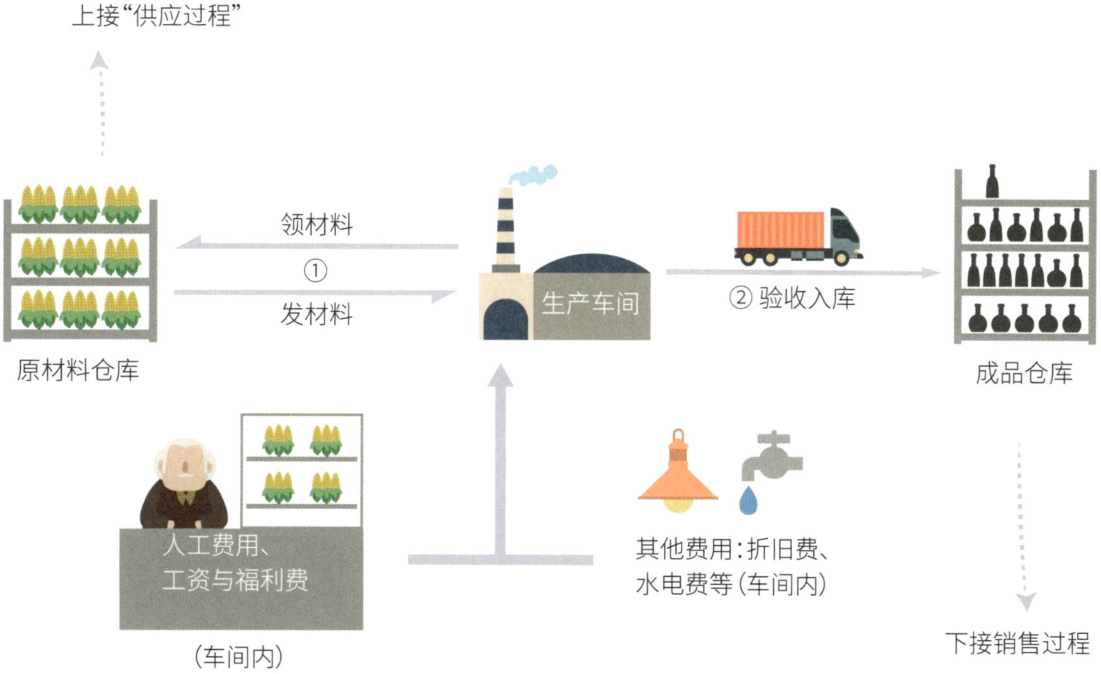

(二) 会计核算的几个重点

(1) 生产费用及完工产成品的计算。

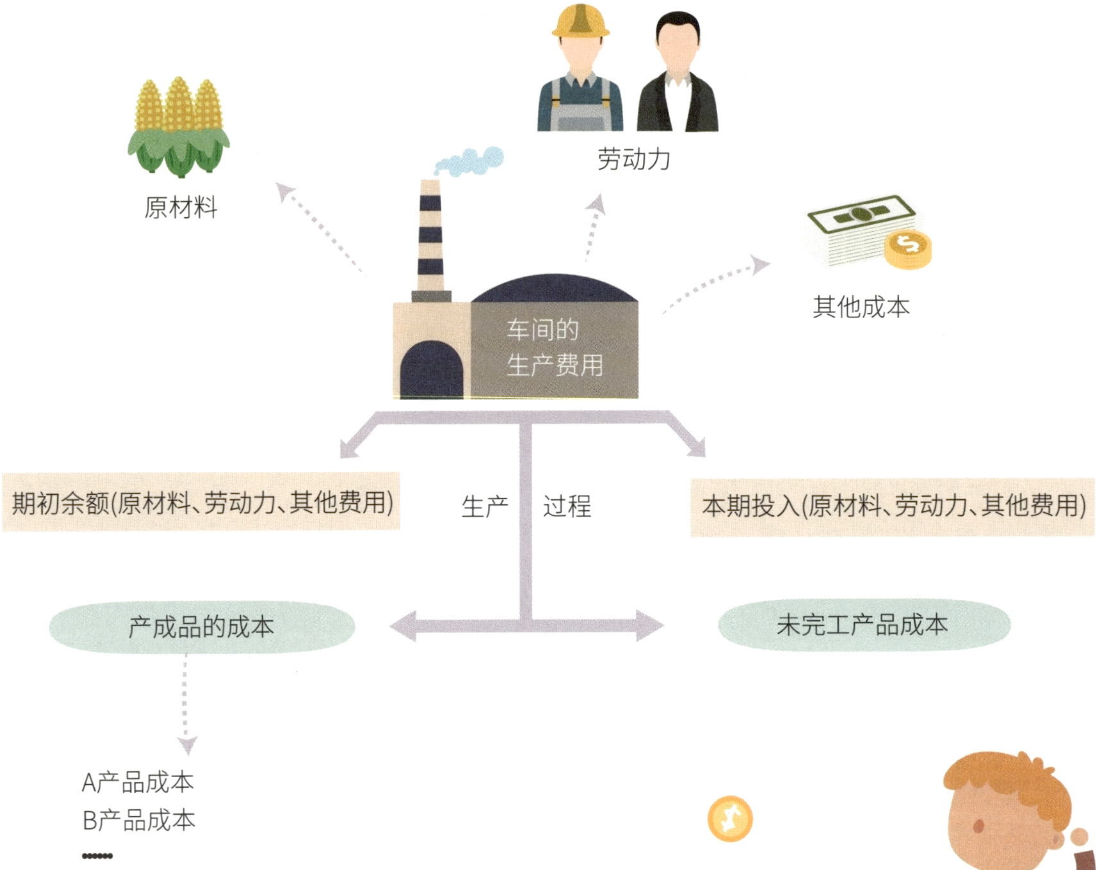

计算公式:

某种产品的完工总成本 = 期初在产品成本 + 本期投入的生产费用 – 期末在产品成本

某种完工产品的单位成本 = 某种产品的完工总成本 / 完工产品数量

(2) 费用的分类及分配。

所谓生产费用是指为生产产品花费的所有耗费，包括原材料、车间人力、工资、福利费及其他车间耗费。

- 产品成本
  - 直接费用
    - 直接原材料耗费
    - 直接人工耗费
  - 间接费用
    - 间接原材料耗费
    - 间接人工耗费
    - 其他耗费

- 直接费用是指能分清楚为生产何种产品而耗费的原材料及人工耗费、福利费等。
- 间接费用是指不能直接认定为生产何种产品而耗费的原材料、人工耗费及其他费用。

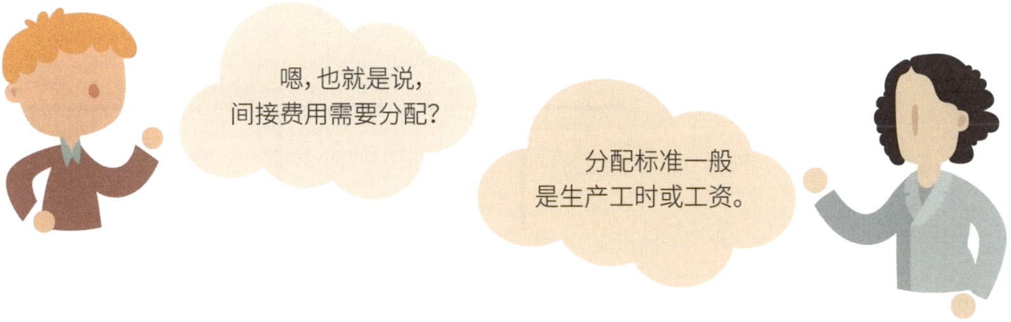

分配公式：

单位（工时或工资）应分配的费用 =（车间）间接费用总额 / 总工时（生产人员工资）

(3) 涉及的主要账户。

生产成本账户是用来记录产品成本的。其明细分类账户通常是根据产品的规格开设的。

生产成本

借	贷
增加	减少
直接原材料 直接人工 制造费用	完工产成品 成本的转出
未完工在 产品成本	

这个账户是用来计算企业进行生产发生的各项生产成本的。

制造费用

借	贷
间接费用的 增加	间接费用减少， 分配记入产品 成本的金额
期末余额	

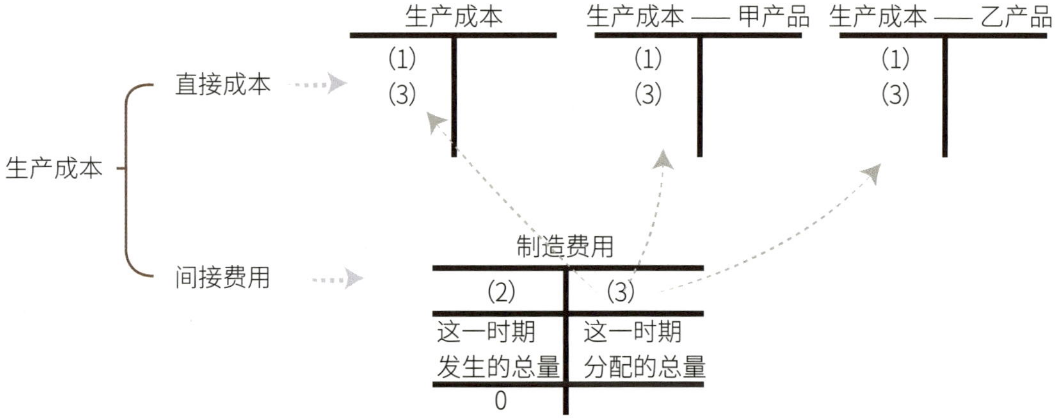

(4) 由于计算的人工耗费基本都是本月工资、福利费，本月入账，到下个月才能支付，因此，就有了“应付职工薪酬”账户（负债）。

应付职工薪酬

已付工资及福利费	已计算工资及福利费
	已计算但尚未支付的工资及福利费

这个账户是用来核算按有关规定应付给职工的各种工资，包括薪酬和其他福利费。

工资：
计时工资、计件工资、奖金、
工资性津贴、补贴、加班工资等。

福利费：
企业计算的为职工提供福利的福利费用。
一般是按工资总额的14%计算。

(5) 由于此阶段还会涉及固定资产价值的减少，所以我们要讨论累计折旧的问题。

固定资产是单位价值比较高，使用年限长于一年或一个经营周期的生产资料，如房子、车子、机器等，固定资产在一定时间内使用价值不变，但其价值会慢慢减少 —— 折旧。

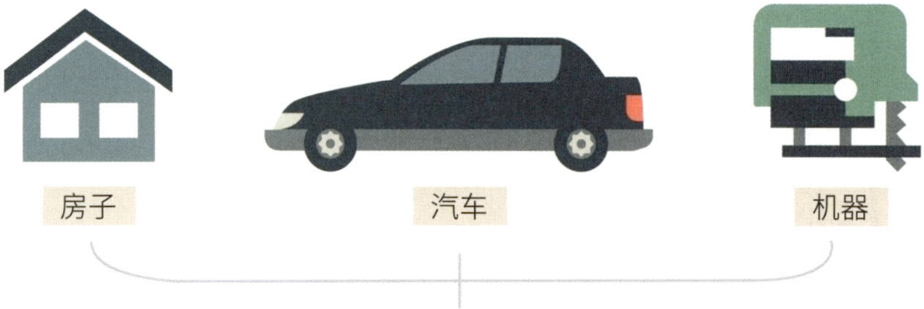

折旧原因：

ⓐ 科技进步，提前报废（如淘汰的计算机）；

ⓑ 由于使用或自然侵蚀，机器设备变旧（如生锈的机器）。

借　　累计折旧　　贷

借	贷
累计折旧的减少或转销	累计折旧的增加
	已提折旧的累计数

为计算固定资产因折旧而减少的价值应设置“累计折旧”账户（资产的减少账户）。

“固定资产”账户的借方余额 – “累计折旧”账户的贷方余额 = 固定资产的净值

二、生产过程的账务处理

为方便理解，本部分延续“供应过程”的举例哦。

⑥ 假设企业车间为生产甲、乙产品领用以下材料：

	A材料（千克）	B材料（千克）
甲产品生产耗用	30	60
乙产品生产耗用	60	40
车间一般耗用	2	4
合计	92	104

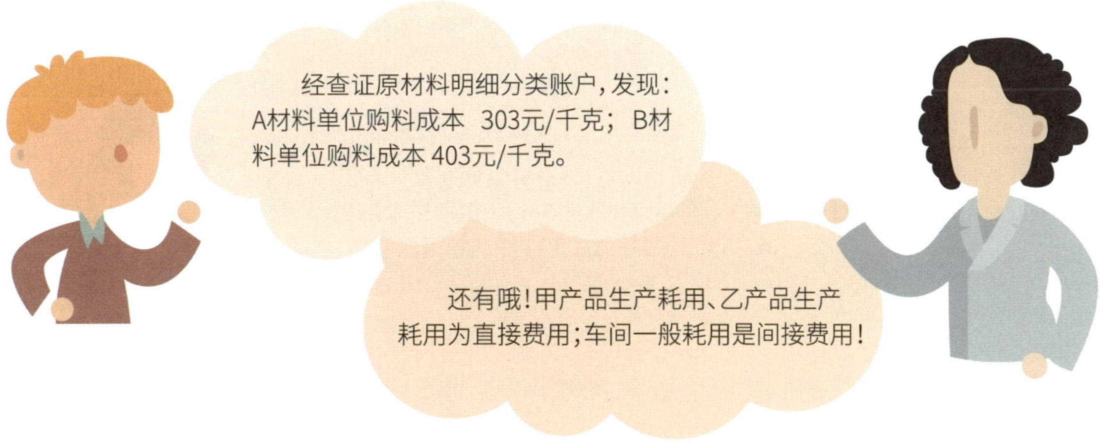

那我们画个表格分析一下吧！

	A材料			B材料			总计		
	数量	单价	金额	数量	单价	金额	数量	单价	金额
甲产品生产耗用	30	303	9 090	60	403	24 180			① 33 270
乙产品生产耗用	60	303	18 180	40	403	16 120			② 34 300
消费作为间接费用	2	303	606	4	403	1 612			③ 2 218
总计	92	303	④ 27 876	104	403	⑤ 41 912			69 788

注：请将下面分录右边的序号对应上面表格中的序号。

即会计分录为：
借：生产成本——甲产品　33 270 ①
　　　　　——乙产品　34 300 ②
　制造费用　2 218 ③
　贷：原材料——A材料　27 876 ④
　　　　　——B材料　41 912 ⑤

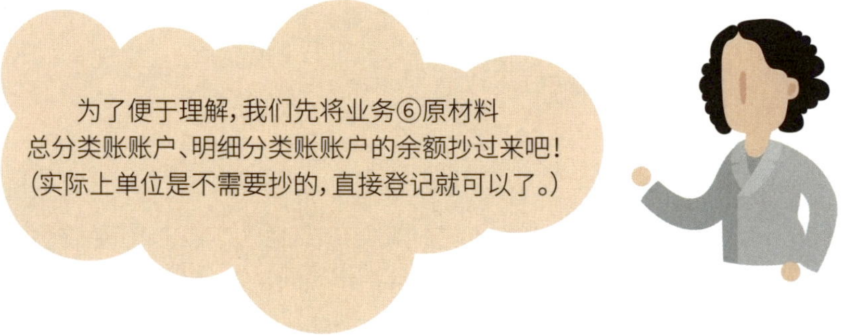

总分类账账户

借	原材料	贷
③ 110 900		⑥ 69 788

发货后，我们发现只剩下8千克A材料，96千克B材料在仓库里。又应该进货了，否则，下次车间再来领用时就不够了！

明细分类账账户

原材料——A

借 数量	单价	金额	贷 数量	单价	金额
100	303	30 300	92	303	27 876

原材料——B

借 数量	单价	金额	贷 数量	单价	金额
200	403	80 600	104	403	41 912

好的！
看来明细分类账账户的信息也是很重要的！

⑦ 假定本月企业车间发生的应付职工工资、福利费如下。

（单位：元）

	应付职工工资	福利费(占工资总额的14%)	总计
甲产品生产耗用	14 000	1 960	15 960
乙产品生产耗用	16 000	2 240	18 240
车间里人员耗用	4 000	560	4 560
总计	34 000	4 760	38 760

会计分录为：

借：生产成本——甲产品　15 960

　　　　　　——乙产品　18 240

　　制造费用　　　　　4 560

　　贷：应付职工薪酬　　　38 760

然后不要忘记登记到有关账户中哦！！！

总分类账账户

应付职工薪酬

借	贷
	④ 38 760

⑧ 假定企业车间用固定资产本月的折旧额（假定采用平均年限法）为3 000元。

会计分录为：

借：制造费用　　3 000

　　贷：累计折旧　　3 000

还有不要忘记登记到“制造费用”账户！

总分类账账户

累计折旧

借	贷
	⑧ 3 000

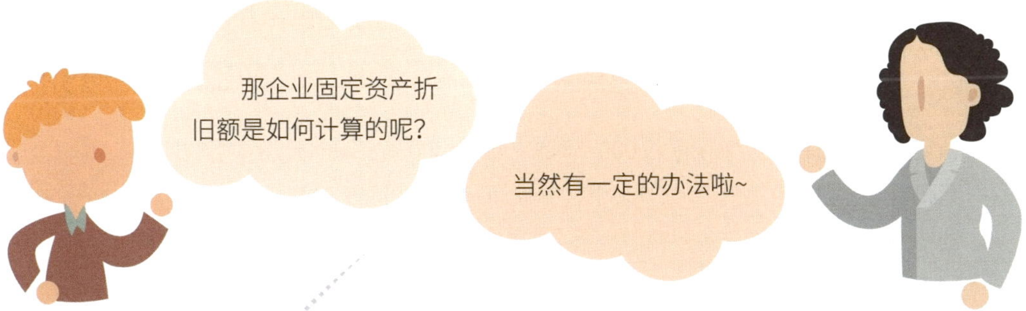

ⓐ 年限平均法

年折旧额 = (固定资产原值 – 预计净残值) / 预计使用年限

年折旧率 = 年折旧额 / 固定资产原值

ⓑ 工作量法

单位工作量折旧额 = (固定资产原值 – 预计净残值) / 预计总工作量

年折旧额 = 该年固定资产工作量 × 单位工作量折旧额

ⓒ 加速折旧法(较复杂,在中级会计再讲哦)

⑨ 本月车间共支付水费20 000元,电费50 000元,车间固定资产保养费等其他费用5 000元。

会计分录为:

借:制造费用　　75 000

　贷:银行存款　　75 000

(请登记在P108的"制造费用"账户中)

注:

"供应过程"之前阶段的银行存款余额。

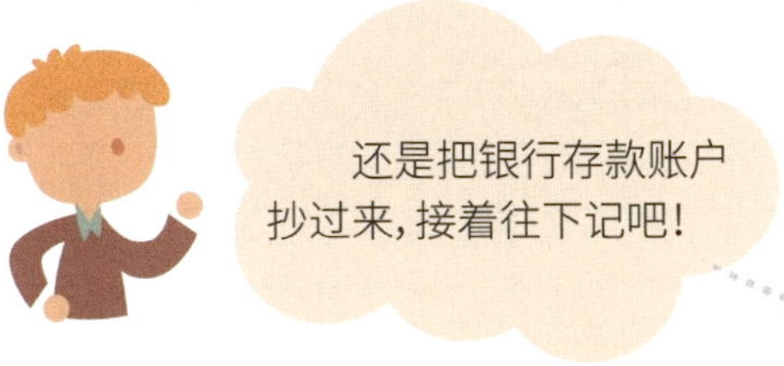

借	银行存款 贷
3 623 500	⑧ 3 000
	⑨ 75 000

⑩ 假定本月末，通过对“制造费用”账户的借方发生额的加计发现，本月共发生制造费用84 778元，于是就需要对该费用进行分配，本例要求按工时比例分配，其中，甲产品耗用工时为5 000小时，乙产品耗用工时为7 000小时。则：

制造费用分配率：84 778元 / (5 000小时 + 7 000小时) ≈ 7.06(元/小时)

甲产品应分配的制造费用 = 5 000小时 × 7.06元/小时 = 35 300(元)

乙产品应分配的制造费用 = 84 734元 − 35 300元 = 49 478(元)

其会计分录为：

借：生产成本 —— 甲产品　35 300

　　　　　　 —— 乙产品　49 478

　贷：制造费用　　　　　　　84 778

⑪假定本月投入的甲产品(1 000件)，乙产品(500件)全部完工，并验收入库。

会计分录为：

借：生产成本 —— 甲产品　　84 530

　　　　　　 —— 乙产品　　102 018

　贷：制造费用 —— 甲产品　　84 530

　　　　　　　 —— 乙产品　　102 018

注：
请参考下面的
成本计算表。

产品成本计算表

成本项目	甲产品(1 000件)		乙产品(500件)	
	总成本	单位成本	总成本	单位成本
直接材料	33 270	33.27	34 300	68.60
直接人工	15 960	15.96	18 240	36.48
制造费用	35 300	35.30	49 478	98.956
合计	84 530	84.53	102 018	204.036

见前面的“生产成本”总分类账户与明细分类账户。

库存商品

借	贷
186 548	

库存商品——甲产品

借			贷
数量	单价	金额	
1 000	84.53	84 530	

库存商品——乙产品

借			贷
数量	单价	金额	
500	204.036	102 018	

记录账户如下:

总分类账账户

生产成本

借	贷
⑧ 67 570	⑪ 186 548
⑨ 34 200	
⑩ 84 778	
0	

制造费用

借	贷
⑥ 2 218	⑩ 84 778
⑦ 4 560	
⑧ 3 000	
⑨ 75 000	
0	

明细分类账账户

生产成本——甲产品

借	贷
⑥ 33 270	⑪ 84 530
⑦ 15 960	
⑩ 35 300	
0	

生产成本——乙产品

借	贷
⑥ 34 300	⑪ 102 018
⑦ 18 240	
⑩ 49 478	
0	

这下,我们有产品可以出售啦!

其实生产过程是一个投入料、工、费,然后生产出完工产品的过程。若本月投入,本月完工,“生产成本”账户期末余额为零。“制造费用”账户为零。最终的投入都成为了完工产品——库存商品的成本了!

一、销售过程的主要业务及核算

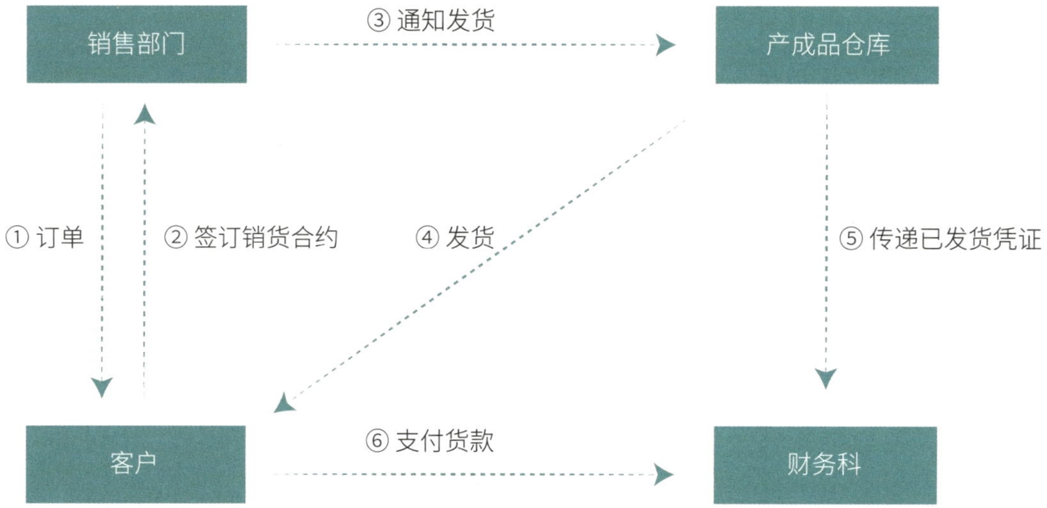

(一) 收入一般分为两类

- 主营业务收入

一般是指企业确认的主营业务范围内所获得的收入，如制造业企业销售商品、自制半成品、代制品，提供工业性劳务而取得的收入。

- 其他业务收入

一般是指企业获得的主营业务范围以外的收入，如制造业企业出租固定资产、出租无形资产、出租包装物、销售原材料等所取得的收入。

(二) 收入的确认与计量

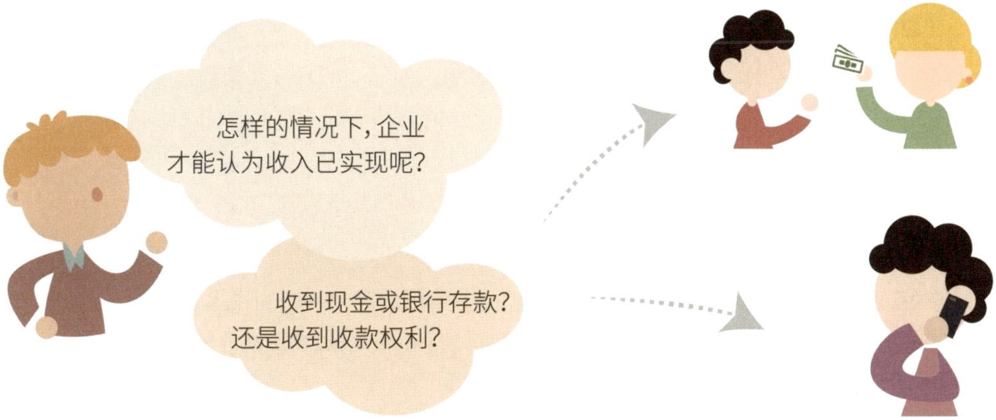

让我们根据会计准则来认识收入实现的条件。

企业应当履行合同中的履约义务，并在客户取得相关商品控制权时确认收入。取得相关商品控制权，是指能够取得商品的使用权并从中获取几乎全部的经济利益。

举例说明：

中美贸易中如果采用“F.O.B shipment point”方式出口货物，相应的价格中文称为“F.O.B离岸价”，此价格比较低，不含运杂费与保险费，即运杂费与保险费要买方支付。如果是海运的方式，双方的权利与义务以货物越过船舷或到达舱底为界。也就是卖方在买方能取得相关商品的控制权后（货物越过船舷或站台到达船底）确认收入。

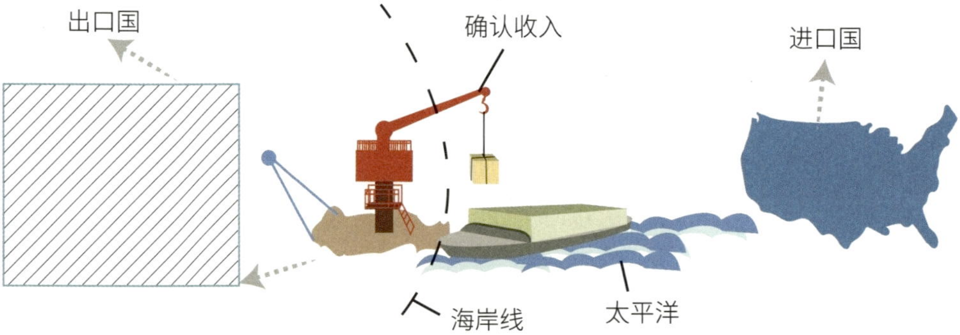

注意收入的计量：

主营（其他）业务收入=销售数量×销售单价

主营（其他）业务成本=销售数量×单位产品成本

税金及附加：

是指企业销售主要经营的产品、商品，提供劳务等按规定应交纳的税金及附加。相关税费包括在经营活动中发生的消费税、资源税、城市维护建设税、教育费附加等。

二、销售过程的核算

（一）设置的主要账户

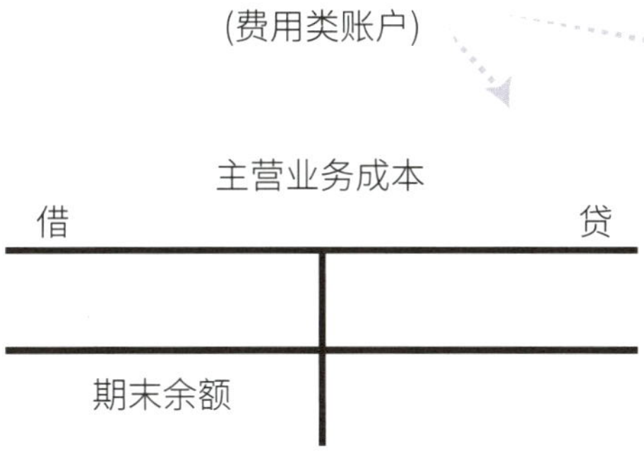

收入类账户

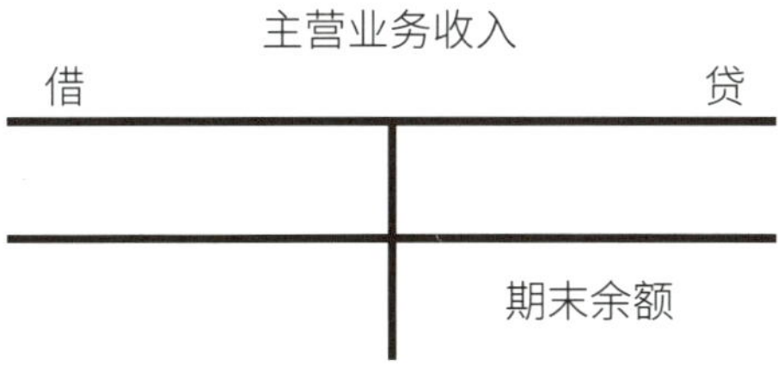

回顾一下：

在商品流通阶段，除前面所讲的增值税以外，还有消费税（比如，买奢侈品、烟、酒要交的税种）、资源税（用自然资源要交的税种），及城市维护建设税和教育费附加。

为城市建设，教育发展要交的附加税种有：

城市维护建设税 = 企业应纳（增值税+消费税）×（7%（大城市），5%（乡镇）或1%（不在大城市或乡镇的））

教育附加费 = 企业应纳（增值税+消费税）×3%

其他业务成本

借　贷

期末余额

比如：
销售材料的成本、
出租固定资产的折旧额。

财务费用

借　贷

期末余额

比如：
利息支出（利息收入）、
汇兑损益及其他手续费等。

管理费用

借　贷

期末余额

比如：
开办费、行政经费等

注：

销售费用、财务费用、管理费用统称为期间费用——是企业当期发生的，不计入产品制造成本，必须从当期收入中得到补偿的费用。

利润类账户：

借	投资收益 贷
对外投资利润减少(损失)	对外投资利润增长
期末余额 投资损失大于收益	期末余额 投资收益大于损失

如果企业有闲钱，在股市买点股票与债券作为短期对外投资，称为交易性金额资产。有投资就会有收益或损失，于是应设置“投资收益”账户。

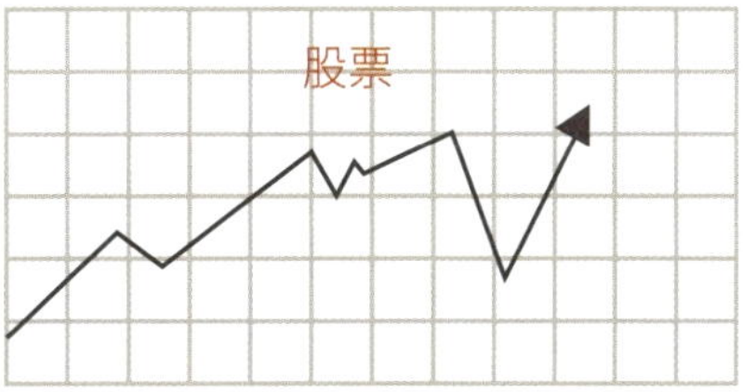

资产类账户

应收账款

借	贷
期末余额	

除了赊销之外还有预收账款出现，因此还应设置以下账户。

负债类账户

预收账款

借	贷
	期末余额

（二）销售过程的账务处理

上接生产过程业务。

⑫假定销售甲产品500件给M公司，每件售价170元（不含税）；销售乙产品200件给N公司，每件售价为500元（不含税）。M公司的货款计85 000元，增值税款14 450元，货已发出，款已收存银行；N公司的货款计100 000元，增值税额17 000元，货已发出，但货款、税款暂欠。

会计分录为:
借：银行存款　　99 450
　贷：主营业务收入　　85 000
　　应交税费 —— 应交增值税（销项税额）　　14 450

（一般增值税税率本书采用17%，增值税计算公式：不含税价格×税率）

同时：
借：应收账款 —— N公司　　117 000
　贷：主营业务收入　　100 000
　　应交税费 —— 应交增值税（销项税额）　　17 000

发货（确认发货）：
借:主营业务成本　　83 072.20
　贷: 库存商品 —— 甲产品　　42 265.00
　　　　　　—— 乙产品　　40 807.20

发货成本：（从生产过程的库存商品明细账户中可以找到哦~）

甲产品发货成本=数量×单位成本
=500×84.53
=42 265（元）
乙产品发货成本=数量×单位成本
=200×204.036
=40 807.2（元）

销货成本可以从生产过程的产成品或库存商品账户获取。

⑬ 公司收到P公司购买乙产品预付的定金30 000元，存入银行。

会计分录为：
借：银行存款　　30 000
　贷：预收账款 —— P公司　　30 000

⑭ 按合同向已预付货款的P公司发出乙产品100件，每件售价500元，货款50 000元，增值税额8 500元，价税款共计58 500元，冲销30 000元，故应再收款28 500元。

会计分录如下：

借：银行存款　　28 500

　　预收账款 —— P公司　　30 000

　　贷：主营业务收入　　50 000

　　应交税费 —— 应交增值税（销项税额）　　8 500

发货：

　借：主营业务成本　　20 403.60

　　贷：库存商品　　20 403.60

⑮ 出售一批原材料——B材料50千克，单位售价600元/千克，成本价403元/千克。货款通过银行转账收讫。

会计分录为：

　借：银行存款　　35 100

　　贷：其他业务收入　　30 000

　　　应交税费 —— 应交增值税（销项税额）　　5 100

发货：

　借：其他业务成本　　20 150

　　贷：原材料 —— B材料　　20 150

⑯ 本月以银行存款支付销售商品广告费6 000元，展览费2 000元，银行手续费400元，业务招待费610元。此外，本月公司总部为组织行政管理工作还发生了办公费350元，材料消耗1 212元，人工费6 840元，差旅费1 688元，固定资产折旧及保养费5 500元，财产保险费600元，款项均已付讫。

会计分录为：

　借：销售费用　　8 000

　　财务费用　　400

　　管理费用　　16 800

　　贷：银行存款　　25 200

⑰ 假设月末计算出12月份应交纳消费税2 000元，那么按照城市维护建设税的计算公式，可以计算出企业本月应纳的城市维护建设税及教育费附加，其中：教育费附加=（24 650+20 000）×3%=779.5（元）

城市建设维护税=[24 650+2 000（应纳消费税）]×7%=1 865.5（元）（此处是假设啦！）

↓

应纳增值税：
数据来自应交税费
总账与明细分类账户

会计分录为：

借：税金及附加　　4 665.0

贷：应交税费 —— 应交消费税　　2 000.0

—— 应交城市维护建设税　　1 865.5

—— 应交教育费附加　　799.5

⑱ 月末将12月份的收入、成本和费用结转到“本年利润”账户。

会计分录为：

借：主营业务收入　　235 000

其他业务收入　　30 000

贷：本年利润　　265 000

同时：

借：本年利润　　153 490.80

贷：主营业务成本　　10 375.80

其他业务成本　　20 150.00

税金及附加　　4 665.00

销售费用　　8 000.00

管理费用　　16 800.00

财务费用　　400.00

“本年利润”账户是用来核算企业当期实现的净利润的，其贷方登记各种收入类账户的转入数，借方登记费用类账户的转入数，余额若在贷方，表示收入>费用（盈利）；若在借方，表示收入<费用（亏损）。

经济业务⑱的会计处理做完后，发现企业本月利润 = 265 000 — 153 490.80 = 111 509.20（元）而所有收入类账户，费用类账户的金额都已转到了“本年利润”账户，余额均为“0”。有余额的账户都是资产、负债、所有者权益账户。

资产 = 负债 + 所有者权益（收入 — 费用 = 利润）

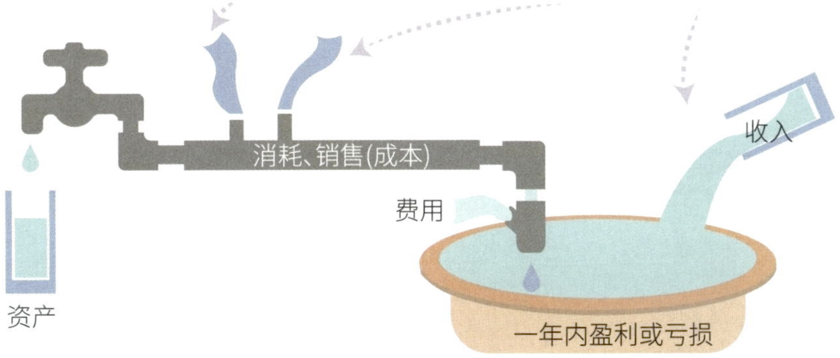

应交税费

前期余额	⑫ 14 450
51 000	17 000
① 18 700	⑭ 8 500
⑤ 18 700	⑮ 5 100
	⑯ 4 665

主营业务收入

借	贷
⑱ 235 000	⑫ 85 000 100 000 ⑭ 50 000
本期发生额合计 235 000美元	本期发生额合计 235 000美元
	期末余额 0

注：

为方便理解，①是从账户余额中抄过来的！可以通过计算得到的数据。

明细分类账户

应交税费 —— 应交增值税

预先	⑫ 14 450
51 000	⑫ 17 000
① 18 700	⑭ 8 500
② 18 700	⑮ 5 100
	⑯ 4 665

银行存款

前期余额：	① 128 700
4 523 500	⑨ 75 000
⑫ 99 450	⑯ 25 200
⑬ 30 000	
⑭ 28 500	
⑮ 35 100	

应交税费——应交城市维护建设税

	⑰ 1 865.5

应交税费——应交教育费附加

	⑰ 799.5

应交税费——应交消费税

	⑰ 2 000

应收账款

借	贷
⑫ 117 000	

主营业务成本

借	贷
⑫ 83 054.60	
⑭ 20 394.80	⑱ 103 449.40
本期发生额合计：103 449.40	本期发生额合计：103 449.40

分项:

库存商品

借	贷
⑪ 186 504	⑫ 83 054.60
	⑭ 20 394.80

（为了方便理解，将前面生产过程的库存商品账户的内容抄过来。）

应收账款——N公司

借	贷
⑭ 117 000	

库存商品

借	贷
⑪ 186 504	⑫ 83 054.60
	⑭ 20 394.80

预收账款

借	贷
⑭ 30 000	⑬ 30 000

预收账款 —— P公司

借	贷
⑭ 30 000	⑬ 30 000

库存商品 —— 甲产品

借			贷		
数量	单价	金额	数量	单价	金额
1 000	84.53	84 530	500	84.53	42 265

库存商品 —— 乙产品

借			贷		
数量	单价	金额	数量	单价	金额
500	203.948	101 974	200	204.036	40 807.20
			100	204.036	20 403.60

其他业务成本

借	贷
⑮ 20 150	⑱ 20 150
本期发生额合计 20 150	本期发生额合计 20 150
期末余额0	

其他业务收入

借	贷
⑱ 30 000	⑮ 30 000
本期发生额合计 30 000	本期发生额合计 30 000
	期末余额0

原材料

③120 900	⑮ 20 150

主营业务收入

⑱ 235 000	⑫ 85 000 100 000 ⑭ 50 000
本期发生额合计 235 000	本期发生额合计 235 000
	期末余额0

原材料 —— A材料

借			贷		
数量	单价	金额	数量	单价	金额
③100	303	30 300	⑥92	303	27 876

原材料 —— B材料

借			贷		
数量	单价	金额	数量	单价	金额
③200	403	80 600	⑥109	403	43 927
			⑮50	403	20 150

(费用类账户)

销售费用

⑯ 8 000	⑱ 8 000
本期发生额合计 8 000	本期发生额合计 8 000
期末余额0	

财务费用

⑯ 8 000	⑱ 8 000
本期发生额合计 400	本期发生额合计 400
期末余额0	

管理费用

⑯ 16 800	⑱ 16 800
本期发生额合计 16 800	本期发生额合计 16 800
期末余额0	

税金及附加

⑰ 4 665	⑱ 4 665
本期发生额合计 4 665	本期发生额合计 4 665
期末余额0	

第七场 财务成果：利润形成和分配的核算

一、财务成果及其构成

定义：
财务成果又称为利润，是指企业在一定会计期间最终实现的经营成果。

利润总额 = 营业利润 + 营业外收益

主营业务利润	主营业务利润= 主营业务收入 — 主营业务成本 — 税金及附加 — 管理费用 — 财务费用 — 销售费用
+ 其他业务利润	其他业务利润 = 其他业务收入 — 其他业务成本
+ 投资收益	投资收益 = 投资收入 — 投资损失

营业外收支通常是指与公司正常经营活动无关的经济收益流入与流出。

营业外收入：是指与正常经营活动无关的经济利益流入，通常称为利得（gain），包括债务利得、盘盈利得等（偶然发生的）。

营业外支出：是指企业发生非正常经营活动所形成的经济利益流出，被称为损失（loss），包括非货币性资产置换损失、债务重组损失、经济利益流出、公益捐赠支出、自然灾害损失等。

注意：利润总额可以是负数哦~负数则意味着亏损!!!

有了利润，在进行分配之前，首先要考虑到政府的税收：所得税。所得税是指企业根据应纳税所得额和适用税率计算的税金，属于盈利企业的一项资产流出。企业所得税税率一般是25%。

净利润＝利润总额－所得税费用

补充一下：

所得税是在所得环节上应交纳的税收，包括企业所得税与个人所得税。在此，我们主要介绍企业所得税的计算，个人所得税一般在计算职工薪酬时涉及。

具体请参照：企业所得税法、个人所得税法

二、财务成果的主要业务核算

（一）账户的设置

（费用类账户）

营业外支出

借	贷
期末余额0	

（收入类账户）

营业外收入

借	贷
	期末余额0

（费用类账户）

所得税费用

借	贷
期末余额0	

（所有者权益类账户）

利润分配

从“本年利润”账户转入的亏损金额，利润分配金额	从“本年利润”账户转入的盈利金额
期末余额如果在借方，表示期末尚未弥补的亏损和损失	期末余额如果在贷方，表示期末未分配利润

（二）账务处理

（上接生产过程业务）

⑲ 假定本公司12月份还取得投资收益12 116元，营业外收入4 000元，营业外支出3 000元，款项均已收付。

会计分录为：

借：银行存款　　16 116

　贷：投资收益　　12 116

　　营业外收入　　4 000

同时：

借：营业外支出　3 000

　贷：银行存款　　3 000

⑳将本月的营业外损益及投资收益结转入“本年利润”账户。

会计分录为：

借：营业外收入　　4 000

　投资收益　　12 116

　贷：本年利润　　16 116

同时，会计人员还要计算税收！

(登记相关账户)

借:本年利润　　3 000
　　贷:营业外支出　　3 000

企业本月实现利润 = (265 000+16 116) — (153 490.80+3 000)
= 28 116-156 490.80 = 124 625.20 (元) (税前利润)

为方便理解,还是将前面的“银行存款”账户与“本年利润”账户内容抄过来。

(强调:在实务过程中是不需要的哦~)

借　　银行存款　　贷

借	贷
4 167 000	① 128 700
⑫ 99 450	⑨ 75 000
⑬ 30 000	⑯ 252 000
⑭ 28 500	⑲ 3 000
⑮ 35 100	
⑲ 16 116	

借　　营业外支出　　贷

借	贷
⑲ 3 000	⑳ 3 000
本期发生额合计 3 000	本期发生额合计 3 000
期末余额 0	

投资收益

借	贷
⑳ 12 116	⑲ 12 116
本期发生额合计 12 116	本期发生额合计 12 116
	期末余额 0

营业外收入

借	贷
⑳ 4 000	⑲ 4 000
本期发生额合计 4 000	本期发生额合计 4 000
	期末余额 0

㉑ 如果税前利润刚好等于按税法要求计算的应纳税所得额，税率为25%，则：

应纳所得税额 = 124 625.20×25% = 31 156.30（元）（税款下个月月初缴纳）

会计分录为：

借：所得税费用　　　　　　31 156.30

　贷：应交税费 —— 应交所得税　　　　31 156.30

㉒ 将所得税费用转入“本年利润”账户，则：

借：本年利润　　　　31 156.30

　贷：所得税费用　　　　31 156.30

所得税费用

借	贷
㉑ 31 156.30	㉒ 31 156.30
本期发生额合计 31 156.30	本期发生额合计 31 156.30
期末余额 0	

应交税费

借	贷
① 151 000	⑫ 14 450
18 700	17 000
	⑭ 148 500
	⑮ 155 100
	⑰ 174 665
	㉑ 2 131 156.30

为方便理解，将这类账户已记录的金额抄过来。

应交税费——应交所得税

借	贷
	㉑ 31 156.30

企业税后净利润 = 124 625.20 — 31 156.30 = 93 468.90（元）

三、利润分配的核算

(一)利润分配的顺序

企业取得的净利润，应当按照国家规定和董事会议决议进行分配，一般是按① ····➤ ④的顺序分配。

分配依据：国家规定，董事会决议。

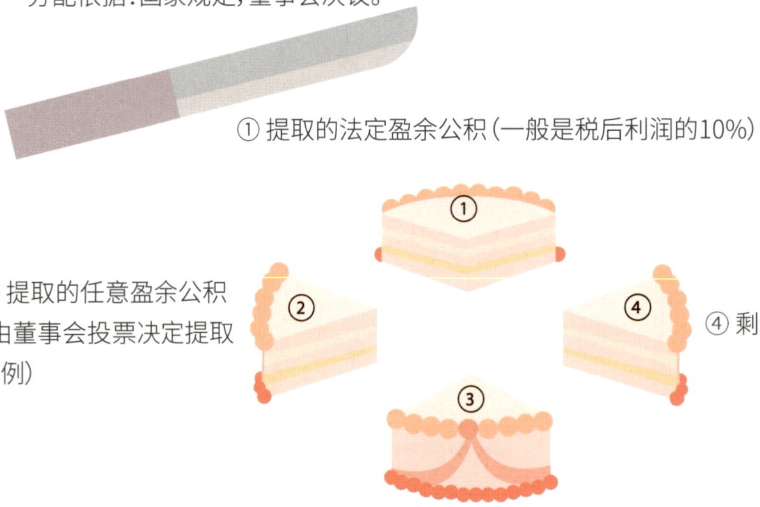

盈余公积是指企业按规定从净利润中提取的积累基金，可供弥补企业亏损，转增资本金等。

(二)账户设置

(负债类账户)

应付股利

借	贷
已支付的利润	按规定提取的应付未付利润
	尚未支付的利润

盈余公积

借	贷
减少的公积金	实际提取的公积金
	期末实际结存数

（三）账务处理

㉓ 假定按当年实现的净利润提取10%的法定盈余公积，按当年实现的净利润的5%提取任意盈余公积。宣布分派给投资者的利润为50 000元。

其会计分录为：

借：利润分配——提取法定盈余公积　　9 346.89
　　　　　　——提取任意盈余公积　　4 673.45
　　　　　　——应付股利　　50 000.00
　贷：盈余公积——提取法定盈余公积　　9 346.89
　　　　　　　——提取任意盈余公积　　4 673.45
　　　应付股利　　50 000.00

此处省略了盈余公积明细账户的登记。

㉔ 年末将本年利润转入“利润分配”账户。

会计分录为：

借：本年利润　　93 468.90
　贷：利润分配　　93 468.90

本年利润

借		贷	
⑱	153 490.80	⑱	256 000
⑳	3 020.00	⑳	16 116
㉒	31 162.90		
㉔	93 468.90		

利润分配

借		贷	
㉓	9 346.89	㉔	93 468.89
㉓	4 673.45		
㉓	50 000.00		

盈余公积

借		贷	
		㉓	9 346.89
		㉓	4 673.45

应付股利

借		贷	
		㉓	50 000.00

第四幕　财产清查保安全

第一场　财产清查的意义和种类

一、财产清查的意义

在会计核算过程中，若是从会计分录、账户进行清查，只能做到数据之间的核对，但是保证账面数据与实际数据相符是核算的最高境界。于是，要进行财产清查，并对财产清查的结果进行会计处理。

财产清查是指通过对库存现金和各项财产物资的实地盘点，以及对银行存款和债权债务的查询核对，确定其实存数，以查明账存数与实存数是否相符的一种会计核算专门方法。

二、财产清查的种类与目的

按清查对象的范围分

全面清查

全面清查是指对所有的财产进行全面的盘点和核对。
(目的:清查家底,核实资金,明确经济责任。)

局部清查

局部清查是指根据需要对一部分财产进行清查。
(目的: 主要是对流动性较大的现金、存货等的清查以核对资金,解决问题。)

按清查的时间分

定期清查

定期清查是指根据管理制度的规定或按照预先计划安排的时间对财产物资所进行的清查。这种清查通常是在年末、季末、月末进行。
(目的:与全部清查或部分局部清查相同。)

不定期清查

不定期清查也称为临时清查,是事先不规定清查时间,而根据实际需要进行的清查。
(目的:满足特定管理的需要。)

第二场 财产清查的组织与方法

一、财产清查的组织

(一) 组织准备

开清查工作预备会，成立清查小组，选举领导，制定计划，进行任务分工，确定清查对象。

开XX清查工作预备会

制定计划，进行任务分工

(二) 业务准备

检查与记清账目

分类整理实物

准备好各种必要的度量衡器具：如天平、大秤、大卷尺等

二、财产清查的方法

(一) 货币资金的清查

货币资金是指企业以货币形态存在的资产，包括：
(1) 库存现金（存放在企业财务部门的人民币及外币）；
(2) 银行存款（存放在银行及其他金融机构结算账户中的货币资金）；
(3) 其他货币资金(除以上两项之外的货币资金)。

● 库存现金的清查

库存现金的清查采用实地盘点的方法，清点现钞，确定人民币与外币的实存数。

记录人员编制：

现金盘点报告表

盘点名称　　　　　　　　　　　　　　年　　月　　日

实存金额	账存金额	实存与账存对比		备注
		盘盈	盘亏	

盘点人员：　　　　　　　　　　　　　　　　出纳人员：

● 银行存款的清查

银行存款的清查是通过与开户银行核对账目进行的。

平时

企业出纳人员

月底

银行存款日记账

XX	XX	XXXX	XX
... ...		... ...	
... ...		... ...	
... ...		... ...	
... ...		... ...	

核对

银行存款对账单

日期	借	贷	余额
...	...	...	...
...	...	...	...
...	...	...	...
...	...	...	...

开户银行登记企业账户中银行存款的增减变化及余额，并定期打印银行存款对账单。

如果核对后发现：

企业银行存款余额=银行存款对账单余额，说明双方的数字均对。

但当企业银行存款余额≠银行存款对账单余额时，说明企业、银行可能有错，但等双方改错后，余额仍然不相等，则就可能是因为有未达账项存在。

出纳人员：去银行取对账单，然后核对其结果

未达账项：
未达账项是指同一项经济业务，由于结算凭证在传递过程中的时间差异，造成企业与银行之间，一方已登记入账，而另一方因尚未收到结算凭证而尚未登记入账的款项。

未达账项通常有以下四种。

①企业已经收款入账，而银行尚未入账的款项。
如企业将收到的转账支票存入银行，但银行尚未办理转账等业务。

②企业已经付款入账，而银行尚未入账的款项。如企业开出支票（交给卖家），但持票人（卖家）尚未送交银行办理转账或提现。

③银行已经收款入账，而企业尚未入账的款项。如异地单位承付的托收货款和汇来的汇款、存款利息收入等，银行已根据原始收款凭证记账，并将上述凭证放入柜子里，而企业尚未去取回来，因此尚未计入企业日记账。

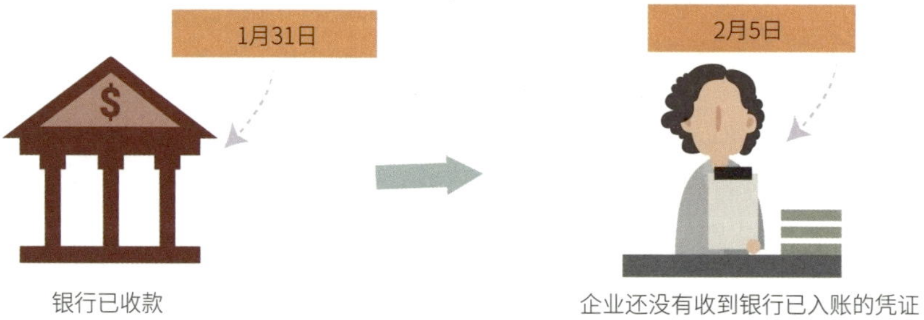

④银行已经付款入账，而企业尚未入账的款项。如银行已扣除利息，企业尚未收到付款通知。这个过程也许要用几天或一个星期的时间（理由同③）。

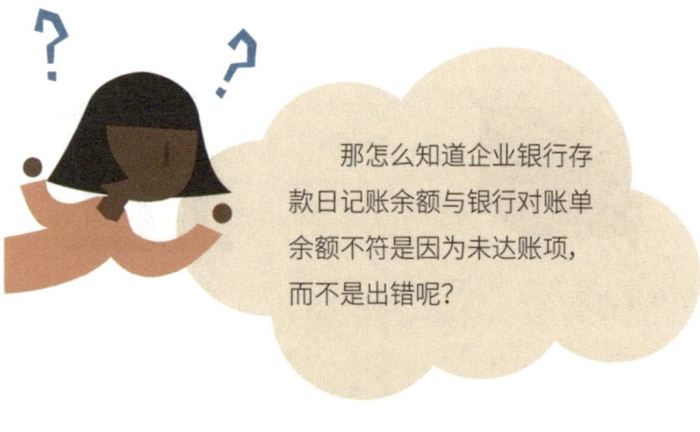

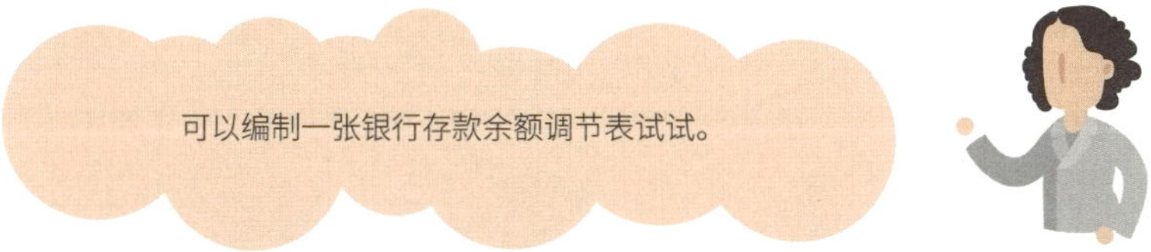

表格如下：

银行存款余额调节表

年　　月　　日　　　　　　　　　　　　单位：元

项　目	金　额	项　目	金　额
企业银行存款日记账余额 加：银收企未收 减：银付企未付		银行对账单余额 加：企收银未收 减：企付银未付	
调节后余额		调节后余额	

如果调节后余额相等，说明企业银行日记账余额与银行对账单余额不符是由于未达账项造成的，如果不等，则说明可能哪里出错了。

举例：

假定公司20XX年5月1日银行存款日记账余额为680 000元，与银行对账单余额一致。但等发生下列业务后，到5月31日，银行存款日记账与银行对账单余额不等。具体请看以下两张表格。

银行存款日记账

年		摘要	结算凭证		收入	支付	余额
月	日		种类	号数			
5	1	月初余额					680 000
	2	偿还欠款	转支	648		100 000√	580 000
	6	收回货款			58 600√		638 600
	8	销售产品			35 100√		673 700
	12	提现	现支	302		1 000√	672 700
	18	支付电话费	转支	649		5 000√	667 700
	20	支付购料款				58 500√	609 200
	22	支付购料款	转支	650		93 600√	515 600
	25	提现	现支	303		36 000√	479 600
	27	收回货款			60 000√		539 600
	28	支付修理费	转支	651		15 000√	524 600
	29	销售商品			46 800√		571 400
	30	预付保险费	转支	652		12 000※	559 400
	31	收回票款			100 000√		659 400
	31	代垫运费	转支	653		2 000√	657 400
	31	购入设备	转支	654		220 000※	437 400
	31	合计			300 500	543 100	437 400

xx银行对账单

年		摘 要	结算凭证		收 入	支 付	余 额
月	日		种类	号数			
5	1	月初余额					680 000
	2	付甲公司	转支	648		100 000√	580 000
	6	收丙公司	票收		58 600√		638 600
	8	存销货款	进账单		35 100√		673 700
	12	付现金	现支	302		1 000√	672 700
	20	付丁单位	售汇			68 500√	614 200
	20	付电话费	转支	649		5 000√	609 200
	25	付现金	现支	303		36 000√	573 200
	26	付甲公司	转支	650		93 600√	479 600
	26	收丙单位	售汇		60 000√		539 600
	29	付修理费	转支	651		15 000√	524 600
	30	收销货款	进账单		46 800		571 400
	31	收回欠款	商业汇票	652	100 000√		671 400
	31	垫付运费	转支	653		2 000√	669 400
	31	支付电费	托收			2 000※	667 400
	31	托收款划回	托收		65 000※		732 400

732 400

拿支铅笔，在能对得起来的账项的金额后面打上“√”作为记号，那么没打“√”的(也就是在数字后面打※的)就是未达账项了。

银行存款日记账

xx银行对账单

银行电脑记录找出未达账项“※”后，就可以据此编制银行存款余额调节表了。

银行存款余额调节表

20XX年 5 月 31 日　　　　单位:元

项　目	金　额	项　目	金　额
企业银行存款日记账余额	437 400	银行对账单余额	732 400
加:银收企未收	65 000	加:企收银未收	0
减:银付企未付	2 000	减:企付银未付	12 000
			22 000
调节后余额	500 400	调节后余额	500 400

注意:这张调节表可不能作为做账的依据哦!

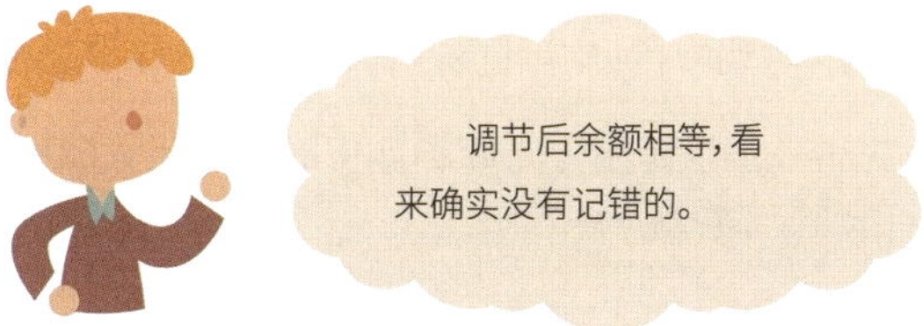

(二) 实物资产的清查

此处主要讲存货,不同的企业会根据自己的存货情况, 采用不同的存货管理制度。

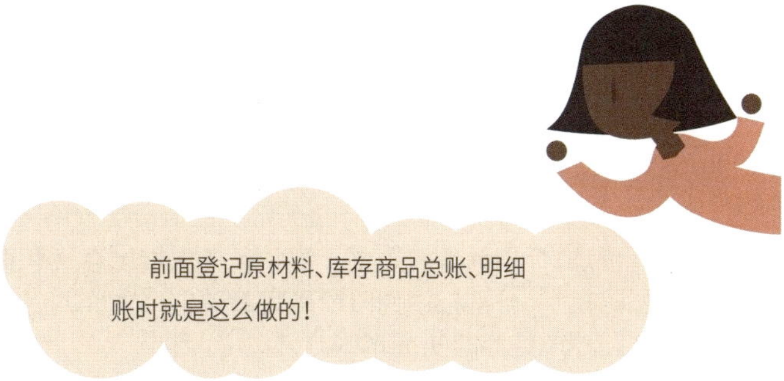

1.存货盘存制度

(1) 永续盘存制。永续盘存制下对各项财产物资的增加和减少,平时都要在账簿中连续加以记录,并随时计算出账面结存数。存货的数量随时可以通过账面确定,所以永续盘存制也称为"账面盘存制",计算公式如下:

账面期末结存数＝账面期初结存数＋本期收入数－本期减少数

(2) 实地盘存制。采用这种方法，平时只在会计账簿中登记各项财产物资的增加数，不登记减少数；月末通过实地盘点来确定存货实际结存数，然后倒挤推算出本月的减少数，再据以登记有关的账簿。因而这种盘存制度又称为“定期盘存制”，计算公式如下：

本期减少数＝账面期初结存＋本期收入数－期末实际结存数

如果采用实地存盘制，工作中如出现差错，如发生贪污、盗窃、丢失、毁损等情况，缺失的存货都会隐藏在本期的发出数内，使得销售成本不实。所以实地存盘制一般适用于一些价值低、品种杂、进出频繁的财产物资的管理（食堂可以采用这种方法）。

那么在两种盘存制度下，发出商品成本如何计算呢？

2.存货计价方法

先介绍一下发出存货的几种常用的计价方法。

★ 先进先出法：先进先出法是指先入库的存货成本在后入库的存货成本之前转出，据此确定发出存货和结存存货的成本的一种方法。

★ 综合加权平均法：综合加权平均法是指以月初结存存货的数量和本月收入存货的数量为权数，计算出本月存货的加权平均单位成本，以此为基础确定本月发出存货成本和月末结存存货成本的一种方法。

（采用以上两种方法，可以将不同时间、按不同价格买入的同一类财物堆放在一起，发出价格按假设顺序确定，这样既可以节省储存空间，计算起来也比较有规律。）

★ 个别计价法：个别计价法是逐一辨认各批次发出存货和期末结存存货所属的批别，分别按收到时所确定的单位成本作为各批次发出存货成本和期末结存存货成本的方法。

（要逐个辨认啊，那就意味着同样的材料要分别堆放，每一堆上要插上牌子，牌子上写明购入成本价、数量等，这样车间领用时才不会搞错，是否会很占地方哦？）

下面介绍不同存货盘存制度下的财产物资的发出数的计算。

举个例子：甲公司6月份A材料的收入、发出和结存的资料如下表所示。

A材料　　　　　　　　　　　　　　　　　　　　　　单位：件

日期	收入			发出			结存		
	数量	单价	金额	数量	单价	金额	数量	单价	金额
6.1							90	2	180
6.8	60	2.2	132				150		
6.12				120			30		
6.15	90	2.3	207				120		
6.28	60	2.5	150				180		
	210		489	120			180		

假定通过期末盘点，发现实存A材料178件，而非180件。

假定6月12日发出的120件中60件的价格是2.2元，另60件的价格是2元。

永续盘存制下：

	发出成本	期末余额
运用先进先出法：	90×2+30×2.2= 246（元）	180+489–246=423（元）
运用个别计价法：	60×2+60×2.2=252（元）	180+489–252=417（元）
运用综合加权平均法：	120×2.23=267.6（元）	180×2.23=401.4（元）

（加权平均价格=180+489/90+210=2.23元/件）

计算出的数字都不一样哦！

但发出成本和期末余额总额均相等，为669元。

在实地盘存制下：

	发出成本	期末余额
运用先进先出法：	(180+489)–(60×2.5+90×2.3+28×2.2) =250.4（元）	60×2.5+90×2.3+28×2.2 =418.6（元）
运用个别计价法：	(180+489)–(60×2.5+90×2.3+28×2) = 256（元）	60×2.5+90×2.3+28×2 =413（元）
运用综合加权平均法：	(180+489)–178×2.23=272.06（元）	178×2.23=396.94（元）

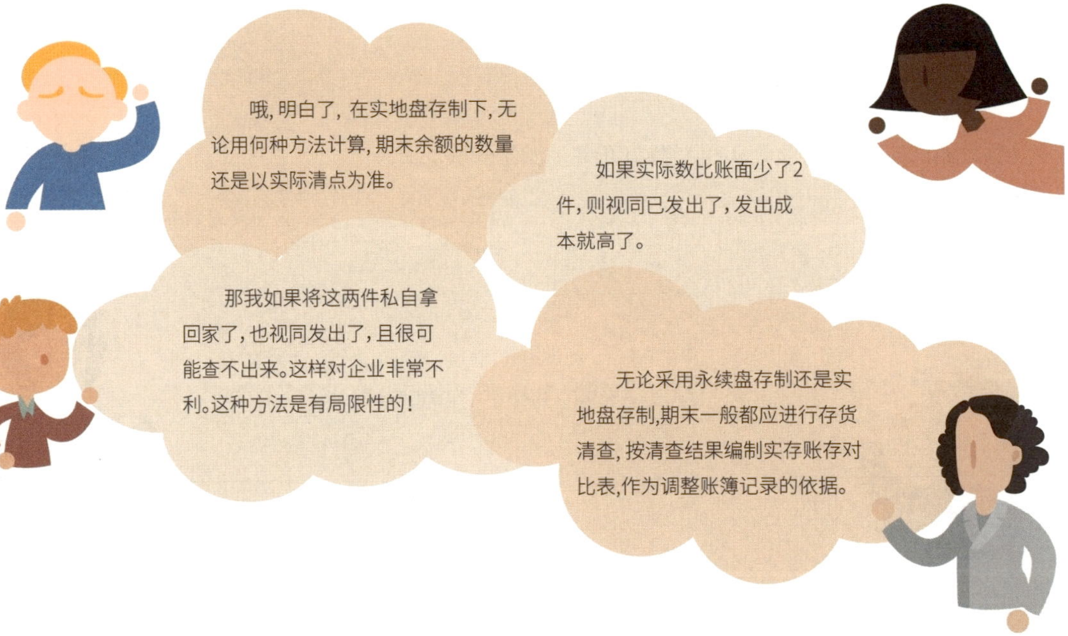

实存账存对比表

单位名称　　　　　　　　　　　　年　　月　　日

序号	名称	规格	计量单位	单价	实存		账存		盘盈		盘亏		备注
					数量	金额	数量	金额	数量	金额	数量	金额	

负责人签章：　　　　　　　　盘点人(签章)：　　　　　　　　会计(签章)：

(三)往来款项的清查

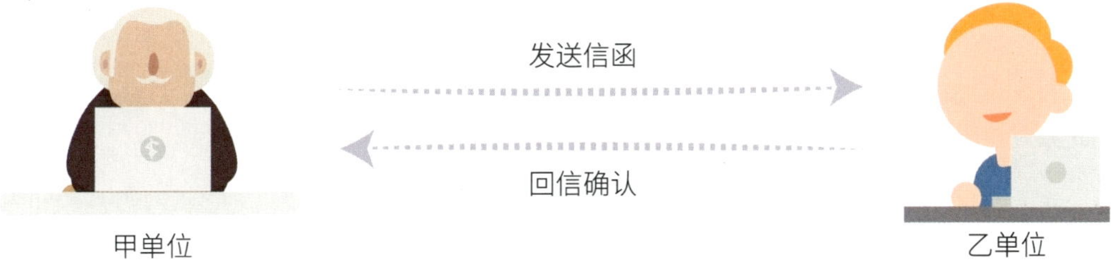

第三场　财产清查结果的会计处理

一、财产清查的结果

财产清查结果有三种：

① 实存数=账存数　　正确！

② 实存数>账存数　　有错了！

③实存数<账存数

按实存数调整账存数，以做到账实相符。

二、 财产清查结果的处理

由于从发现问题到最后处理问题需要较长时间进行原因调查，并提请各级负责人批复。因此，账务处理要分两步进行。

第一步：发现问题——在审批之前的账务处理。
第二步：审批之后进行账务处理。

因此需要设置过渡性账户“待处理财产损溢”。

待处理财产损溢

借方	贷方
待处理财产盘亏数	待处理财产盘盈数
期末根据批准的处理意见结转待处理财产盘盈数	期末根据批准的处理意见结转待处理财产盘亏数
若在借方，表示盘亏或毁损数大于盘盈数	若在贷方，表示盘亏或毁损数小于盘盈数

这是双重性质账户。

举个例子说明，接第三幕的例子。

㉕假定企业在财产清查中发现：
盘盈 A材料3千克 303元/千克 小计909元
盘亏 B材料5千克 403元/千克 小计2 015元
在批准之前，根据“实存账存对比表”：

借：原材料——A材料　　909
　贷：待处理财产损溢　　909

同时：
借：待处理财产损溢　　2 015
　贷：原材料——B材料　　2 015

原材料

借	贷
③ 120 900	㉕ 2 015
㉕ 909	

待处理财产损溢

借	贷
ⓧⓧ 2 015	㉕ 909
㉕ 909	ⓧⓧ 2 015

原材料——A材料

借 数量	单价	金额	贷 数量	单价	金额
③100	303	30 300			
㉕ 3	303	909			

原材料——B材料

借 数量	单价	金额	贷 数量	单价	金额
③200	403	80 600	⑮50	403	20 150
			㉕ 5	403	2 015

经过长时间的调查发现（已到下一年度），上述材料的盘盈是对方单位多发的（且对方单位不要本企业偿还），经批准作为营业外收入。B材料的盘亏是由于仓库保管员失误所致，应由仓库保管员赔偿，则下一年度的会计分录（注意，不作为本年度分录）将是：

借：待处理财产损溢　909
　贷：营业外收入　　　909

同时：
借：其他应收款——保管员　2 015
　贷：待处理财产损溢　　　2 015

营业外收入

借	贷
	(XX) 909

其他应收款

借	贷
…………	
(XX) 2 015	

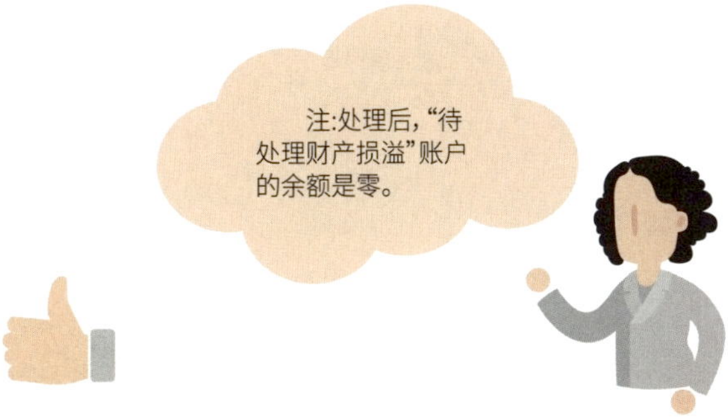

第五幕　会计凭证打基础

第一场　会计凭证概述

一、会计凭证的概念

会计凭证是记录经济业务的发生和完成情况，明确经济责任，作为记账依据的书面证明。

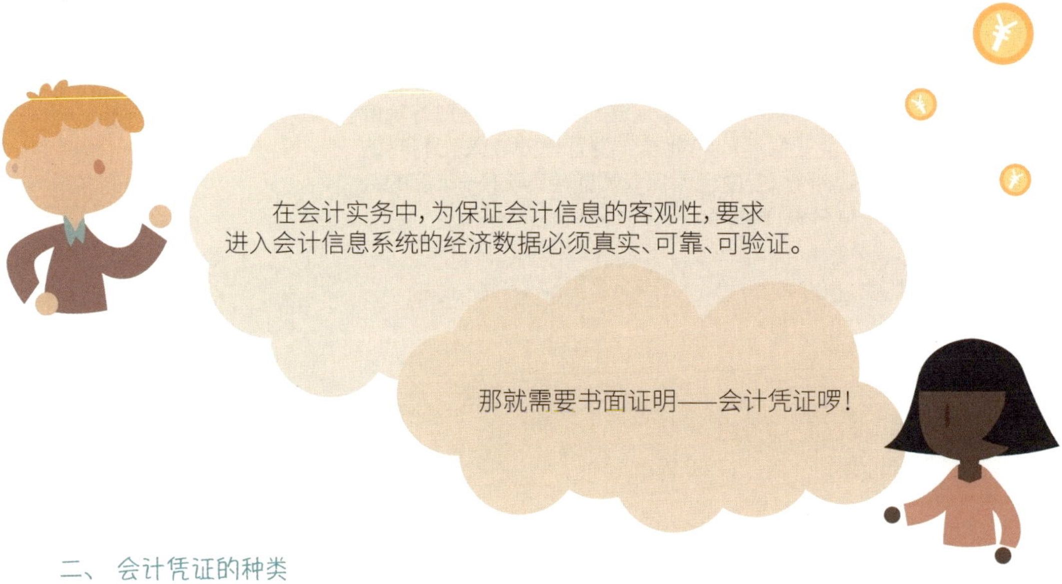

二、会计凭证的种类

（一）原始凭证

原始凭证是记录经济业务的发生、或已完成，明确经济责任，作为记账依据的原始书面文件。

（二）记账凭证

记账凭证是会计人员根据审核无误的原始凭证编制的(这个非常具有中国会计特色。在西方会计中，记账以登记日记总账的方式进行，具体请参照后面会计账簿章节。)，用以分类反映会计要素增减变化，确定会计分录,作为登记会计账簿依据的书面证明文件。

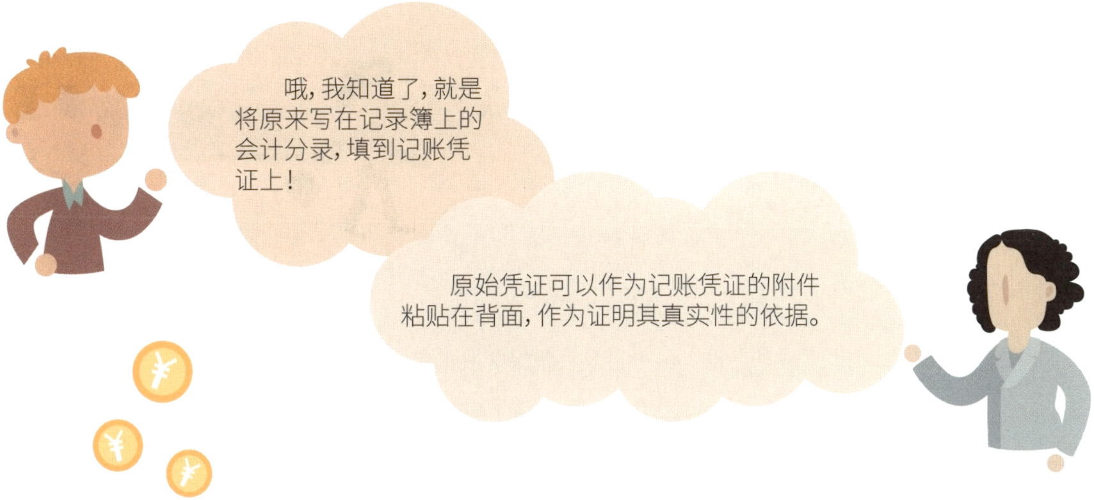

记账凭证背后:

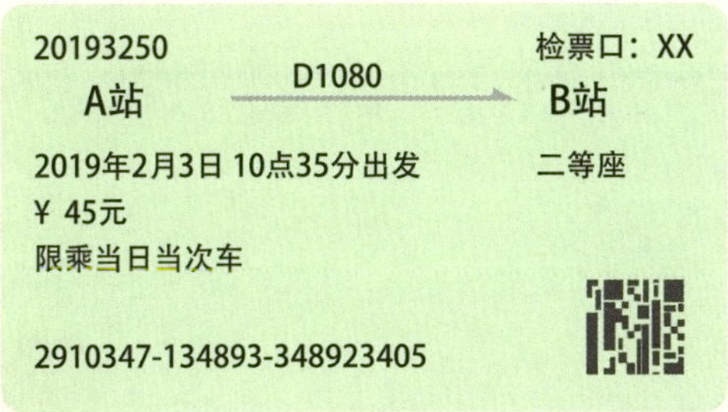

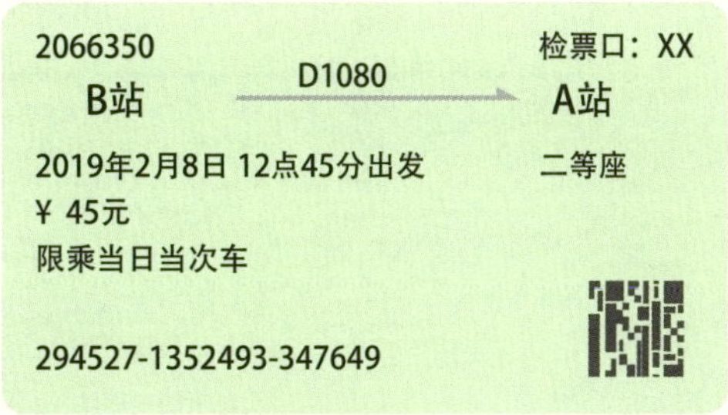

注意:

原始凭证（如出差的来回车票）将作为附件粘在报销单的背面，作为报销单的附件。

第二场 会计凭证之一：原始凭证

一、原始凭证举例

出差回来报销差旅费等，会涉及的原始凭证有：车票（飞机票、火车票）、住宿费发票。出差人员回来要按规定填写差旅费报销单。

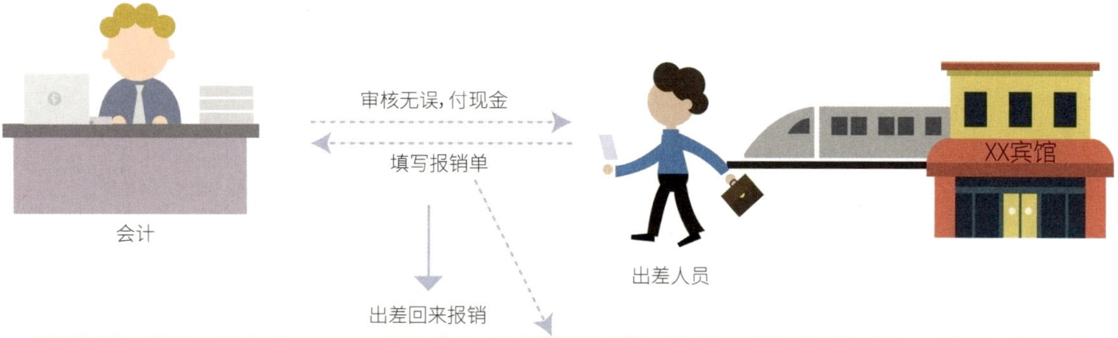

差旅费报销单

××年×月×日

单元：元

部门名称	×××			部门主管签字	
出差原因	×××			记录人签字	
报销项目	交通费 住宿费 其他出差费 合计			其他项目：	
报销金额	人民币（大写）			¥______	
预借金额：		补领金额：			退还金额：

财务主管：××× 出纳：××× 制表人：×××

企业用转账支票购买原材料一批，总价20 000元（不含税），假定采购费用为0，材料已验收入库。会计人员收到3张原始凭证：

A: 原材料入库单　　B: 对方单位开立的销售发票　　C. 本单位用支票支付后留下的存根

上述3张凭证，均属于原始凭证。

A. 原材料入库单

入库单

仓库编号：　　　　　　20××年12月3号　　　　　　编号：

材料编号	名称	规格	计量单位	数量		金额	
				票面	实际	单价	金额
2001	煤炭		吨	200	200	100	20 000
合计			吨	200	200	100	20 000
用途	××××××××××××						

仓库保管者：×××　　　　仓库部门负责人：×××　　　　车间或部门：×××

B. 销售发票

××省增值税普通发票

发票联

33000331450　　No_00005043

校验码 239443 240834 32480 230482　　开票日期：20××年12月3日

购买方	名称　××× 税号登记号　××× ××× ××× 地址、电话　××× ××× 开户银行及账号　××× ××× ×××	密码区				
货物或应税劳务名称	规格型号	数量	单价	金额	税率	税额
×××		100	200.00	20 000.00	★★★	★★★
合计				¥20 000.00		★★★
价税合计	贰万叁仟肆佰元整			（小写）¥23 400.00		
销售方	名　　称　××× 税务登记号　××× ××× ××× ××× 地址、电话　××× ××× 开户银行及账号　××× ×××	备注				

收款人：×××　　复核：×××　　开票人：×××　　销货单位（章）：

C. 支票存根

中国工商银行
现金支票存根

$\frac{30}{02}$ 01935205

科　　目 ____________

对方科目 ____________

出票日期 20XX年12月03日

收款人：	×××
金　额：	¥23 400.00
用　途：	货款

二、原始凭证的分类

根据不同的来源

- 外来原始凭证：外来原始凭证是指由外单位人员填制的凭证。比如，采购进货业务中，从销货单位取得的购进发票，用于支付的银行结算凭证，出差报销中的车船票、住宿费发票等。
- 自制原始凭证：自制原始凭证是指由本单位工作人员填制的凭证，如材料入库单、领料单等，可以是本单位内部自己设计的，也可以是统一从税务部门或银行购入的空白凭证。

根据使用次数

- 一次凭证：一次凭证是指一张凭证上只填写一项或若干项同类经济业务的发生或完成情况，并且是一次填制完成的凭证。
- 累计凭证：累计凭证是指在一定时期内，可多次使用以记录重复发生的经济业务的凭证，只有在期末才能算出合计数，其填制手续是随着经济业务的发生分次进行的，如限额领料单。
- 汇总原始凭证：汇总原始凭证是指为了会计记账的便利性，将一定时间内同类经济业务的若干张原始凭证进行汇总反映的凭证。比如，材料领用汇总表，这些凭证往往有很多的普通原始凭证作为附件。

三、 原始凭证的填制与审核

● 原始凭证的填制

a.接受凭证单位的名称，在实际工作中被称为“抬头”（即英文单词 title 的发音），用于证明交易发生或完成的事实。

b. 原始凭证的名称，用于明确经济业务的性质。

c. 经济业务发生或完成的时间及凭证的编号，用于明确经济业务所属的期间。

××省增值税专业发票

发票联

33000331450　　No. 00005043

校验码 239443 240834 32480 230482　　开票日期：20XX年12月3日

购买方		密码区	
购买方	名称　××× 税号登记号　××× ××× ××× 地址、电话　××× ××× 开户银行及账号　××× ××× ××× ×××	密码区	

货物或应税劳务名称	单价	数量	单位	金额	税率	税额
×××		100	200.00	20 000.00	★★★	★★★
合计				¥20 000.00		★★★
价税合计	贰萬叁仟肆佰元整			（小写）¥23 400		

销售方		备注	
销售方	名　　称　××× 税务登记号　××× ××× ××× ××× 地址、电话　××× ××× 开户银行及账号　××× ×××	备注	

收款人：×××　　复核：×××　　开票人：×××　　销货单位（章）：

d. 经济业务的主要内容，包括对经济业务的简要说明——摘要、用途、数量、单价等。

e.填制凭证单位及经手人的签名盖章，以明确经济责任。

f. 经济业务所涉及的大小写金额。

填制要求：
真实、完整、准确、及时

● 原始凭证的审核

审核要求：真实性、合法性、合理性。

一、 单式记账凭证

●单式记账凭证是把一项经济业务所涉及的账户分别按借贷方向，登记在借项记账凭证和贷项记账凭证上的记账凭证。

如发生以下经济业务a：企业用银行存款23 400元，购入原材料——C材料（@200元，共100件），增值税3 400元，原材料亦已验收入库。
（涉及原始凭证两张，其中一张是支票存根，还有一张是对方单位开出的增值税发票）。

则应登记单式记账凭证如下：

借项记账凭证

对应账户：银行存款　　20××年×月×日　　凭证编号：a 1/3

摘　要	总分类账户	明细分类账户	金　额	记账
购买原材料	原材料	C材料	20 000	✓

附件一张

财务主管　记账　出纳　复核　制证

借项记账凭证

对应账户：银行存款　　20××年×月×日　　凭证编号：a 2/3

摘　要	总分类账户	明细分类账户	金　额	记账
购买原材料	应交税费	应交增值税	3 400	✓

附件见 a3/3

财务主管　记账　出纳　复核　制证

贷项记账凭证

对应账户：原材料　应交税费　　20××年×月×日　　凭证编号：a 3/3

摘　要	总分类账户	明细分类账户	金　额	记账
购买原材料	银行存款		23 400	√

附件一张

财务主管　　记账　　出纳　　复核　　制证

上述单式记账凭证的编制，其实就是将一笔业务所涉及的会计分录，登记到不同的记账凭证上。其优点是便于分工协作。各张不同凭证之间的联系由a1/3，a2/3和 a3/3的带分数连接起来。其中，a 表示经济业务的号数，分母表示这笔业务所涉及的记账凭证的总张数，分子表示这张凭证在该笔业务中的顺序。

二、复式记账凭证

复式记账凭证是将一项经济业务所涉及的账户，登记在一张记账凭证上的记账凭证。

复式记账凭证
- 通用式（所有业务登记在一种格式的记账凭证上。）
- 专用式
  - 收款凭证：只登记借方是有关现金、银行存款的收款业务。
  - 付款凭证：只登记贷方是有关现金、银行存款的付款业务。
  - 转账凭证：只登记借方、贷方都不是现金、银行存款的业务。

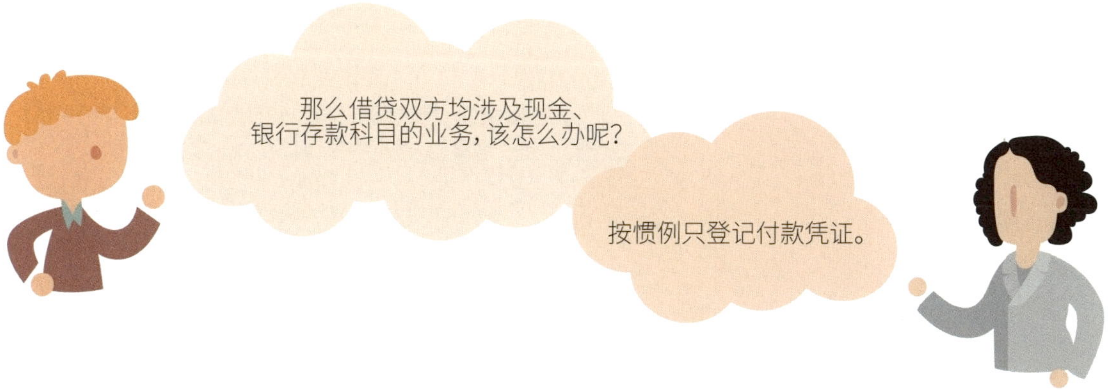

举例：仍用前面的例子a，若采用通用式记账凭证，则登记方法如下：

记账凭证

第____号

×年×月×日　　附件：__2____张

摘要	摘要	摘要	金额								记账符号	金额								记账符号
			十	万	千	百	十	元	角	分		十	万	千	百	十	元	角	分	
购买原材料	原材料	c材料		2	0	0	0	0	0	0										
	应交税费	应交增值税			3	4	0	0	0	0										
	银行存款												2	3	4	0	0	0	0	
合计			¥	2	3	4	0	0	0	0		¥	2	3	4	0	0	0	0	

财务主管：×××　　记账：×××　　出纳：×××　　复核：×××　　制证：×××

如果是经济业务b：收到对方单位前欠货款10 000元，并存入银行（银行汇票1202号），若企业采用通用式记账凭证，则记账方法就同经济业务a，但如果采用专用式记账凭证，就要登记收款凭证了。

收款凭证

收字第____号

借方科目：银行存款　　　　20××年×月 ×日　　　　附件___1___张

对方单位	摘　要	贷 方 科 目		金额								记账符号
		总账科目	明细科目	十	万	千	百	十	元	角	分	
	收回欠款	应收账款	××集团		1	0	0	0	0	0	0	
银行结算方式及票号：银汇#1202			合　计	¥	1	0	0	0	0	0	0	

会计主管 ：××× 　记账 ：××× 　稽核： ××× 　出纳： ××× 　制证： ×××

如果是经济业务c：将c材料1 000元，用于厂部行政管理部门（附件1张领料单）。若企业采用通用式记账凭证，填写方式同经济业务a，但如果采用专用式记账凭证，就要登记转账凭证了！

转账凭证

转字第_1__号
20××年×月×日　　附件__1_____张

摘要	总账科目	明细科目	借方金额								记账符号	贷方金额								记账符号
			十	万	千	百	十	元	角	分		十	万	千	百	十	元	角	分	
厂部领料	管理费用	×××			1	0	0	0	0	0										
	原材料	C材料												1	0	0	0	0	0	
合计				¥	1	0	0	0	0	0			¥	1	0	0	0	0	0	

会计主管：×××　　记账：×××　　稽核：×××　　出纳：×××　　制证：×××

如果是用银行存款支付本月厂部管理部门水电费5 000元（附件两张，一张水电费发票，一张支票存根）。本业务则要填付款凭证。

付款凭证

付字第__1__号
借方科目：银行存款　　20××年×月×日　　附件___2___张

对方单位	摘要	贷方科目		金额								记账符号
		总账科目	明细科目	十	万	千	百	十	元	角	分	
	支付厂部水电费	管理费用				5	0	0	0	0	0	
银行结算方式及票号：×××			合计		¥	5	0	0	0	0	0	

会计主管：×××　　记账：×××　　稽核：×××　　出纳：×××　　制证：×××

我们来总结一下吧！

① 不同格式的记账凭证在中国市场上均可以买到。一般企业采用专用式记账凭证，主要是为了汇总方便。

② 专用式记账凭证有以下几种编号方法：收款凭证，按收字1，2，3，…，n编号；付款凭证按付字1，2，3，…，n编号；转账凭证按转字1，2，3，…，n编号，此时，企业记账凭证编号有三组；如果收款凭证按银行收款、现金收款编两组分号，即银收字1，2，3，…，n，现收字1，2，3，…，n；付款凭证也同此理。此时，企业记账凭证编号有五组。

③ 若出现同一笔经济业务不能在同一张凭证中登记，而需要在两张或3张凭证中登记，则该凭证的编号可采用带分数的方式表示，即当涉及两张凭证时，如果是第3号业务，则用$3\frac{1}{2}$和$3\frac{2}{2}$；涉及3张凭证用$3\frac{1}{3}$，$3\frac{2}{3}$，$3\frac{3}{3}$。

④ 附件张数，一般根据所附原始凭证实际张数填写。若有汇总原始凭证的，则按汇总原始凭证的张数填写，原始凭证作为附件，可附于汇总原始凭证后面或另行装订，妥善保管。

还有记账符号栏，通常在登记账簿后打“√”或填写账户所在账簿的页码。

第四场　会计凭证的装订及保管

一、会计凭证的装订

将所有
- 收款凭证
- 付款凭证
- 转账凭证

及后面所附的原始凭证 ⟶ 按1～n号排列。

装订时，如果该企业每月的凭证
- 很多 ⟶ 分三类凭证装订，即按收款凭证、付款凭证、转账凭证三类装订，并且每一本都装上封面。
- 不多 ⟶ 可以将三类凭证合并装订。

装订后：

记账凭证封面

凭证种类	收款凭证 付款凭证 转账凭证	附件	科目汇总表_______张
所属时间	20××年××月		银行对账单_______张
起讫时间	自　　日至　　日止		银行存款余额调节表_____张
装订册次	第　册 共　册		出纳报告单_______张
装订编号	_字第_号至第_号止		

会计主管：×××　　　　装订：×××

二、会计凭证的保管

- 会计档案是企事业单位和机关团体在经济管理和各项会计核算活动中直接形成的作为历史记录保存下来的会计凭证、会计账簿和会计报表等材料，是国家全部档案的重要组成部分。

- 《会计档案管理办法》规定，当年会计档案，在会计年度终了后，可暂由本单位财务会计部门保管一年，期满之后原则上应由财务会计部门编制清册移交本单位的档案部门保管。

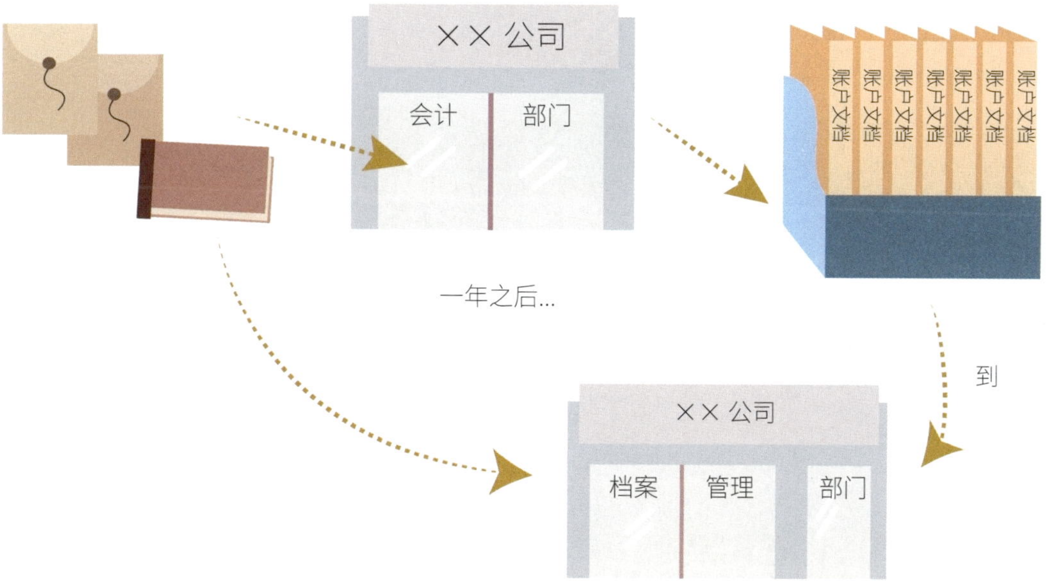

●各种会计档案的保管期限，按其特点可分为永久性和定期性两类。根据2015年12月11日财政部印发的《会计档案管理办法》，定期保管期限分别为10年、30年两类。会计档案的保管期限，从会计年度终了后的第一天算起，如2015年度终了日为12月31日，保管期限从2016年1月1日开始计算。

若借阅会计凭证要有正规的手续，原件只能复印，不得借出。

销毁会计凭证要等期满后经有关部门批准，在相关部门监督下销毁。

第六幕　埋头记账都有啥

第一场　会计账簿的含义及种类

一、会计账簿的含义

会计账簿(简称账簿),是由具有一定格式的账页组成的,以会计凭证为依据,全面、系统、连续地记录各项经济业务的簿籍。

设置和登记账簿可是会计的专门方法之一哦,其实在前面我们就做过的。比如,“T”形账户。“T”形账户只是账户的简易格式哦!

二、会计账簿的种类

账簿的形式多种多样,不同的账簿所登记的内容、登记的方法也各不相同,它们相互之间构成了严密的组织体系,从而为经营管理提供不同的会计信息。

在会计实务中,账簿主要有以下几种。

(一)序时账簿

序时账簿又称日记账，是按照经济业务发生的时间先后顺序逐日、逐笔登记的账簿。

中国企业使用较多的序时账簿是现金日记账与银行存款日记账。

现金日记账

第　　页

20××年		凭证字号	摘 要	对方科目	收入	付出	余额
月	日						

银行存款日记账

第　　页

20××年		凭证字号	摘 要	结算凭证		对方科目	收入	付出	余额
月	日			种类	号数				

上述日记账簿由于涉及企业库存现金、银行存款这类流动性最强的资产，启用前就把编有顺序页码的若干账页，固定装订成册的账簿，故又称为订本式账簿。

国外企业中使用手工记账中的，还有普通日记账。普通日记账，又称分录簿，是序时地登记全部经济业务的日记账。它根据日常发生的经济业务所取得的原始凭证直接编制会计分录进行登记，作为列入分类账簿的依据，所以这种日记账同时起着记账凭证的作用。

普通日记账

第　　页

20××年		业务号	摘　要	会计科目	借方	贷方	记录
月	日						
x	x	1	收到投资	银行存款	200 000		√
				实收资本		200 000	√
	x	2	赊购原材料	原材料	10 000		√
				应付账款		10 000	√
	x	3	支付欠款	应付账款	200 000		√
				银行存款		200 000	√
	x	4	购买设备(假定不考虑增值税)	固定资产	50 000		√
				银行存款		50 000	√
		…					

(二) 分类账

分类账是对经济业务进行分类登记的账簿。按其反映内容的详细程度不同，又分为总分类账和明细分类账，两者的结构和登记方法也有所不同。

(1) 总分类账：总分类账是按照总分类账户分类登记全部经济业务的账簿。它能够全面、总括地反映经济活动情况，并为编制会计报表提供依据。

(2) 明细分类账：明细分类账简称明细账，它是按照二级账户或明细账户开设账页，分类、连续地登记经济业务的账簿。

总分类账簿的格式

● 三栏式

总分类账（三栏式）

会计科目：　　　　　　　　　　　　　　　　　　　　第　　页

日期	凭证号数	摘要	借方	贷方	借或贷	余额

- 多栏式（在特定企业中用）

多栏式总分类账

会计科目：　　　　　　　　　　　　　　　　　　　　　　　　　　　　第　　页

20××年		凭证字号	摘　要	发生额	现金		银行存款		应收账款		……
月	日				借方	贷方	借方	贷方	借方	贷方	……

注：总分类账簿可以采用订本式或活页式。

明细分类账的格式

- 三栏式

三栏式明细分类账的格式与三栏式总分类账的格式大致相同，即设有借方、贷方和余额3个金额栏，主要适用于只需进行金额核算的账户，如“应收账款”“应付账款”“短期借款”“实收资本”等账户。

三栏式明细分类账

会计科目：　　　　　　　　　　　　　　　　　　　　　　　　　　　　第　　页

20××年		凭证字号	摘　要	对方科目	借方	贷方	借或贷	余额
月	日							

● 多栏式

这种格式的明细分类账主要适用于费用、成本和收入、利润等账户的明细分类核算。

管理费用明细账(借方多栏式明细账)

第　　页

XXXX年		凭证字号	摘 要	借 方								贷方	余额
月	日			工资	福利费	折旧费	办公费	水电费	……	其他	合计		

在实际工作中,还有贷方多栏式与借贷方多栏式明细账,具体格式请参考相关教科书。

● 数量金额式

这种格式的明细账是在借方、贷方和余额栏内再分设数量、单价、金额3个栏次。主要适用于既要进行金额核算,又要进行实物数量核算的各种财产物资的明细分类账的登记,如“原材料”“包装物”“库存商品”等账户。

原材料明细账(数量金额式)

类别:　　计量单位:
编号:　　存放地点:
材料名称:　　金额单位:

日期		凭证号数	摘要	收入			发出			结存		
				数量	单价	金额	数量	单价	金额	数量	单价	金额

注:明细分类账簿通常采用活页式。

在会计实务中，设置账户时既要设置总分类账户、又要设置明细分类账户。

两者之间的内在联系：业务内容相同，原始依据相同。

区别：反映数据详细程度不同，且总账数据具有统驭作用，明细账的数据有详细说明作用。

登记时要注意（四同）

① 依据相同；
② 期间相同（总账与明细账上登记的时间）；
③登记方向一致（借贷方向）；
④金额相同（总账金额等于所属明细分类账户金额的合计数）。

前面在第四幕中，我们登记账户只是采用简单格式——“T”形账户的形式，现在我们来试试规范格式。

第二场　账簿登记的举例说明

(1)从银行提取现金5 000元，作为企业零星使用的现金。附件：现金支票存根一张，票号#23456号。

付款凭证

付字第: 1 号

贷方账户:银行存款　　20XX年X月X日　　附件: 1 张

供应商	摘要	借记账户		金额	记账符号
		总分类账账户	明细分类账账户		
	从银行提取现金	库存现金		5 000.00	√
现金支票存根:票号#23456号			发生额合计	¥5 000.00	√

财务总监: XXX　　会计人员: XXX　　出纳员: XXX　　复核人员: XXX　　制证: XXX

出纳人员将现金存入保险箱，会计人员先根据现金支票存根编制记账凭证，确定应借贷方向与金额，作为登记账簿的依据。注意：登记账簿后不要忘记在付款凭证的符号栏中打“√”，表示已登记入账，以避免重复登记或漏记。

然后出纳人员根据上述记账凭证及所附原始凭证登记现金日记账及银行存款日记账。

现金日记账

第　　页

20××年		凭证字号	摘 要	对方科目	借方	贷方	余额
月	日						
X	1		期初余额				XXX
	2	支付 #1	从银行提取现金	银行存款	5 000		
			……				
	30		合计		XXX	XXX	XXX

银行存款日记账

第 1 页

20××年		凭证字号	摘 要	对方科目	借方	贷方	余额
月	日						
X	1		期初余额				XXX
	2	支付 #1	从银行提取现金	银行存款		5 000	
			从客户手中收到了账款	应收账款	10 000		
			……				
	30		合计		XXX	XXX	XXX

最后会计人员根据上述付款凭证及所附原始凭证登记总分类账。

总分类账

会计科目：库存现金　　　　　　　　　　　　　　　第 1 页

日期	摘要	借方	贷方	余额
4.1	期初余额			xxx
2	从银行提取现金	5 000		xxx
…				
4.30	期末余额	xxx	xxx	xxx

总分类账

会计科目：银行存款　　　　　　　　　　　　　　　第 2 页

日期	摘要	借方	贷方	余额
4.1	期初余额			xxx
2	从银行提取现金		5 000	xxx
3	从客户手中收到了账款	10 000		xxx
…				
4.30	期末余额	xxx	xxx	xxx

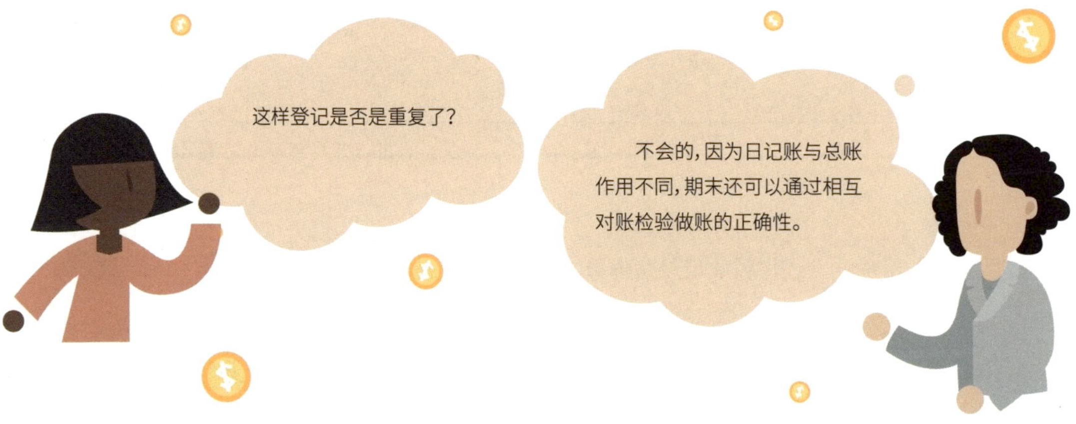

(2) 企业为生产A产品领用甲材料50吨，单价240元（附件是领料单1张）。

同样，会计人员根据原始凭证编制记账凭证。

转账凭证

转字第：1 号

20XX年X月X日

附件：1 张

摘要	总分类账账户	明细分类账账户	借方	记录	贷方	记录
生产用原材料	生产成本	A产品	12 000	√		
	原材料	甲材料			12 000	√
合计			¥12 000	√	¥12 000	√

财务总监：XXX　　会计人员：XXX　　出纳员：XXX　　复核人员：XXX　　制证：XXX

然后根据审核无误的记账凭证与所附原始凭证登记总分类账与明细分类账账户。

总分类账

会计科目：生产成本　　第 6 页

日期	摘要	借方	贷方	借/贷	余额
4.1	期初余额				xxx
2	生产用原材料	12 000			xxx
4.30	期末余额	xxx	xxx	借	xxx

会计科目：原材料　　第 8 页

日期	摘要	借方	贷方	借/贷	余额
4.1	期初余额				xxx
2	生产用原材料		12 000		xxx
4.30	期末余额	xxx	xxx	借	xxx

明细分类账

会计科目:生产成本　　　　　　　　　　　　　　　　　　　　第 1 页

日期	摘要	借方金额				贷方	余额
		直接材料	直接人工	制造费用	合计		
4.1	期初余额	xxx	xxx	xxx	xxx		xxx
2	生产用原材料	12 000					xxx
4.30	期末余额	xxx	xxx	xxx	xxx	xxx	xxx

会计科目:原材料　　　　　　　　　　　　　　　　　　　　　第 2 页

日期	凭证号数	摘要	借方			贷方			余额		
			数量	单价	金额	数量	单价	金额	数量	单价	金额
4.1		期初余额							x	x	x
2	转账凭证#1					50	240	12 000			
4.30		期末余额	x	x	x	x	x	x	x	x	x

最后,结账: 划红线结出本期发生额合计及期末余额 。

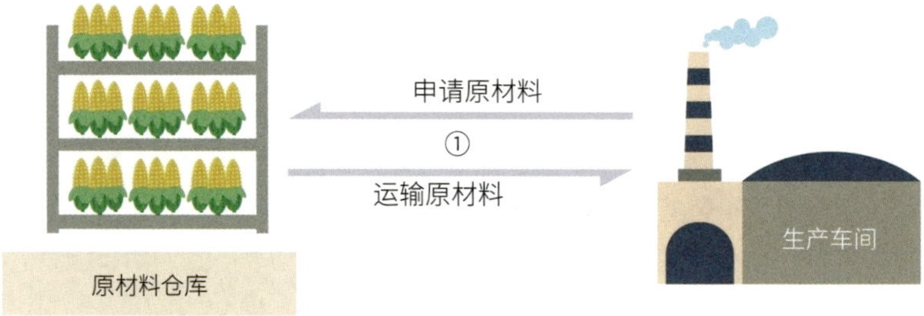

(3)收到对方单位前欠货款10 000元，存入银行（附件是银行汇票凭证#25号）。

a.会计人员根据原始凭证编制记账凭证。

收款凭证

收字第: 1 号

借记账户:银行存款　　　　20XX年X月X日　　　　附件: 1 张

客户	摘要	借记账户		金额	记账符号
		总分类账账户	明细账分类账户		
xxx	收回应收账款	应收账款	XX企业	10 000	✓
原始凭证:银行汇票#25			发生额合计:	¥10 000	✓

财务总监: XXX　　会计人员: XXX　　出纳员: XXX　　复核人员: XXX　　制证: XXX

b.出纳人员根据审核无误的记账凭证及所附的原始凭证登记日记账（见前面银行存款日记账）。

c.会计人员根据审核无误的记账凭证及所附的原始凭证登记总分类账及明细分类账。

明细分类账（三栏式）

会计账户: 应收账款　　　　第 1 页

日期	摘要	借方	贷方	借/贷	余额
X.1	期初余额				xxx
2	收回应收账款		10 000		xxx
…					
X.30	期末余额	xxx	xxx	借	xxx

总分类账

会计账户：应收账款　　　　第 9 页

日期	摘要	借方	贷方	借/贷	余额
X.1	期初余额				xxx
2	收回应收账款		10 000	借	xxx
…					
X.30	期末余额	xxx	xxx	借	xxx

注意：每月将所有的经济业务登记入账户后，月末都要结算出每个账户的本期发生额合计及期末余额（明细账与日记账每日结束后都应结算出每日余额）。

这就是所谓的"结账"工作。

上述不同账页串起来，再加上账簿启用表及封面，就形成了不同的账簿！

一般中国企业的账簿有：

序时账（订本式）

银行存款日记账（订本式）

日记总账（订本式或活页式）

明细分类账：应收账款明细分类账、存货明细分类账、费用明细分类账、产品成本明细分类账（活页式）。

还有固定资产明细分类账（卡片式）。

如果企业需要对固定资产如：房屋、机器设备等建立明细分类账簿，则一般可以采用登记卡片式明细账。即将明细账簿格式变成卡片。账簿封面变成卡片箱，可以长期使用。

第三场 记账技术与错账的更正方法（手工记账）

一、账簿的登记规则（手工记账）

1. 登记账簿时，做到数字准确、摘要清楚、登记及时、完整。
2. 登记完毕后，会计人员要在记账凭证上签名或者盖章，并注明已经登账的符号（如打✓）。
3. 文字一般应占格距的1／2左右，以便留有改错的空间。
4. 登记账簿时，要用蓝黑墨水或者碳素墨水书写，红色墨水只用于结账、划线、改错、冲账。
5. 凡需要结出余额的账户，应当定期结出余额，并在余额栏内“元”位上用“0”表示。

二、错账的更正方法

- 划线更正法

  它是指用划线方式注销原有错误记录，然后在划线上方写上正确记录的一种方法。

举例说明：

假定下列转账凭证中的记录是正确的。

转账凭证

转字号：2 号

20××.4

附件：1 张

摘要	总分类账账户	明细分类账账户	借方	记账符号	贷方	记账符号
采购原材料	原材料	A 材料	5 000	√		
	应付账款	XX企业			5 000	√
发生额合计			¥5 000		¥5 000	√

财务总监：XXX　会计人员：XXX　出纳员：XXX　复核人员：XXX　制证：XXX

但是，在登记账户时发生错误。

现在需要纠错

总分类账

会计科目：生产成本　　　　　　　　　　　　　　　　　　　　　　　第X页

日期	摘要	借方	贷方	余额
X　1	期初余额			XXX
2	赊购原材料	5 000 ~~25 000~~		XXX
X　30	期末余额	XXX	XXX	XXX

会计科目：应收账款　　　　　　　　　　　　　　　　　　　　　　　第X页

日期	摘要	借方	贷方	余额
X　1	期初余额			XXX
2	赊购原材料		~~25 000~~	XXX
X　30	期末余额	XXX	XXX	XXX

会计科目：应付账款　　　　　　　　　　　　　　　　　　　　　　　第X页

日期	摘要	借方	贷方	余额
X　1	期初余额			XXX
2	赊购原材料		5 000	XXX
X　30	期末余额	XXX	XXX	XXX

注意：这种方法适用于在期末结账以前，发现账簿中文字或数字记录有错误，而记账凭证没有错误，即属于记账时文字或数字上的笔误。

- 红字更正法

红字更正法是指用红字冲销原有的错误记录，以更正或调整记账错误的一种方法。

注意：

若仍采用上例，会计人员将会计分录做成如下情形：

转账凭证

转字第：×号

20××年×月×日　　附件：1张

摘要	总分类账账户	明细分类账账户	借方	记录	贷方	记录
采购原材料	原材料	A	50 000	√		
	应收账款	XX企业			5 000	√
发生额合计			¥50 000		¥5 000	√

财务总监：×××　会计人员：×××　出纳员：×××　复核人员：×××　制证：×××

总分类账

会计科目：原材料　　第×页

日期		摘要	借方	贷方	借/贷	余额
×	1	期初余额				×××
	2	采购账户	50 000			×××
	3	更正错误	50 000			
	4	更正错误	5 000			
×	30	期末余额	×××	×××	借	×××

会计科目:应收账款　　　　第X页

日期		摘要	借方	贷方	借/贷	余额
×	1	期初余额				×××
	2	赊购原材料		5 000		×××
	3	更正错误		5 000		
×	30	期末余额	×××	×××	借	×××

更正:

第一步:先编制一张与错误凭证一样的转账凭证,但数据是红字的,表示对原错误凭证的冲销。

转账凭证

转字第:___号

20××年×月×日　　附件:_1_张

摘要	总分类账账户	明细分类账账户	借方	记录	贷方	记录
赊购原材料	原材料	A	50 000	√		
	应收账款	××企业			5 000	√
合计			¥50 000		¥5 000	√

财务总监:×××　会计人员:×××　出纳员:×××　复核人员:×××　制证:×××

第二步：再编制一张正确的凭证，并登记入账。

转账凭证

转字第:____号

20××.4　　　　附件: 1 张

摘要	总分类账账户	明细分类账账户	借方	记录	贷方	记录
赊购原材料	原材料	A	5 000	√		
	应付账款	××企业			5 000	√
发生额合计			¥5 000		¥5 000	√

财务总监: ×××　会计人员: ×××　出纳员: ×××　复核人员: ×××　制证员: ×××

总分类账

会计科目：应付账款　　　　第 × 页

日期		摘要	借方	贷方	借/贷	余额
×	1	期初余额				×××
	2	赊购原材料		5 000		×××
×	30	期末余额	×××	×××	×	×××

如果上例会计凭证中，应借应贷的科目无错，但所记金额都大于应记金额。则应采用红字更正法。（为减少重复，下面更正改用简易方式）

即当会计分录写成：

错啦！ ✗ 借：原材料——甲材料 50 000

贷：应付账款——XX公司 50 000

登记入账：

原材料	
期初余额 XX	
XX 50 000	
XX 45 000	

应付账款	
	期初余额 XX
	XX 50 000
	XX 45 000

先做更正分录，然后登记入账：

借：原材料——甲材料 45 000

贷：应付账款——XX公司 45 000

● 补充登记法

如果发现账簿记录的错误是由于所依据的记账凭证中所填金额小于应记金额，而应借、应贷的会计科目并无错误，应用补充登记法进行更正。

仍用上例：

错误的会计分录如下所示：

错啦！ ✕

借：原材料——甲材料　　500

　贷：应付账款——XX公司　　500

已登记入账

原材料

借方	贷方
期初余额　XX	
XX　500	
XX　45 000	

应付账款

借方	贷方
	期初余额　XX
	XX　500
	XX　45 000

先做更正分录，然后登记入账：

借：原材料——甲材料　　45 000

　贷：应付账款——XX公司　　45 000

第四场 对账与结账

核对账目

核对会计账簿上的数据和会计凭证上的数据

将各种会计账簿(总账、明细账以及现金和银行存款日记账等)记录与账簿有关的会计凭证(记账凭证及其所附的原始凭证)进行核对。

将各种账簿之间的有关数字进行核对

1.全部总分类账户本月借方发生额合计数与贷方发生额合计数、期末借方余额合计数与期末贷方余额合计数核对相符;

2.总分类账各账户期末余额与其所属各有关明细分类账户期末余额合计数核对相符;

3.现金日记账、银行存款日记账的期末余额分别与总分类账现金账户、银行存款账户期末余额核对相符;

4.会计部门的各种财产物资明细账余额与财产物资保管或使用部门的有关明细账余额核对相符。

账实核对

将各种财产物资、债权债务等账面余额与其实有数额相核对(见财产清查部分的内容)。

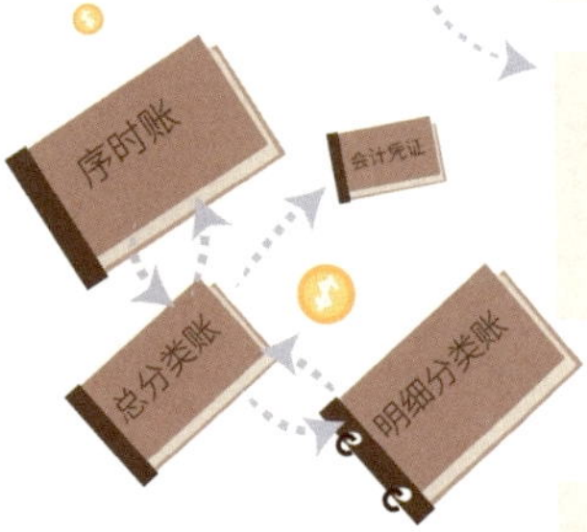

结账

划红线结出本期发生额合计及期末余额,包括月结、季结和年结。

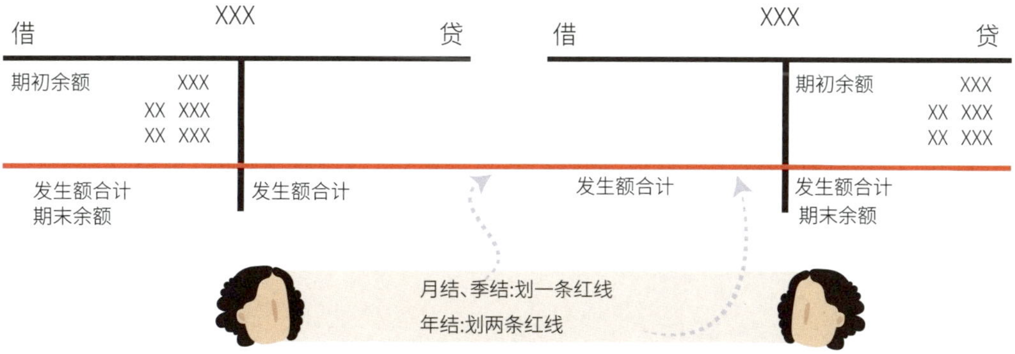

第五场 会计账簿的启用与保管

一、账簿启用

账簿启用，填写“账簿启用及交接记录表”，以明确责任。启用表有的买的。

账簿启用及交接记录表

<table>
<tr><td colspan="3">使用单位</td><td colspan="3"></td><td>单位盖章</td></tr>
<tr><td colspan="3">账簿名称</td><td colspan="3"></td><td rowspan="8"></td></tr>
<tr><td colspan="3">账簿编号</td><td colspan="3"></td></tr>
<tr><td colspan="3">账簿页数</td><td colspan="3"></td></tr>
<tr><td colspan="3">启用日期</td><td colspan="3"></td></tr>
<tr><td colspan="4">主　管</td><td colspan="2">记　账</td></tr>
<tr><td rowspan="2">经管人员</td><td>姓名</td><td colspan="2">盖章</td><td>姓名</td><td>盖章</td></tr>
<tr><td></td><td colspan="2"></td><td></td><td></td></tr>
<tr><td>交接</td><td>日期</td><td colspan="2">监交</td><td colspan="2">移交</td><td>接管</td></tr>
</table>

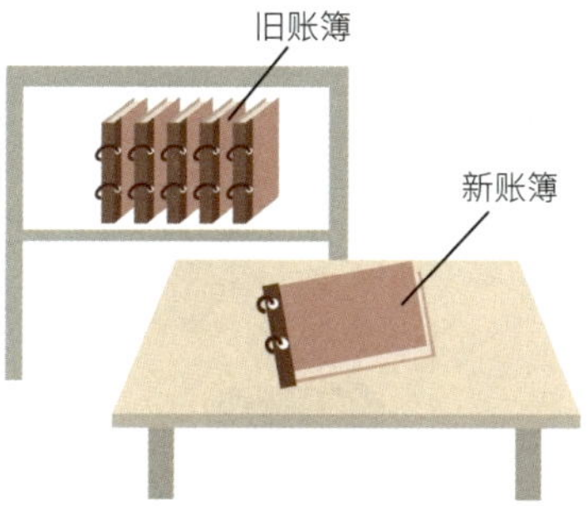

二、账簿更换

每一个会计年度开始都应更换账簿。

三、账簿保管

账簿保管可参照凭证的保管！

第七幕 报告一出知冷暖

第一场 财务会计报告的含义

所谓财务会计报告，是指企业对外提供的反映企业某一特定日期的财务状况和某一会计期间经营成果、现金流量等会计信息的文件。

编制财务会计报告是会计循环最后一个阶段的工作。

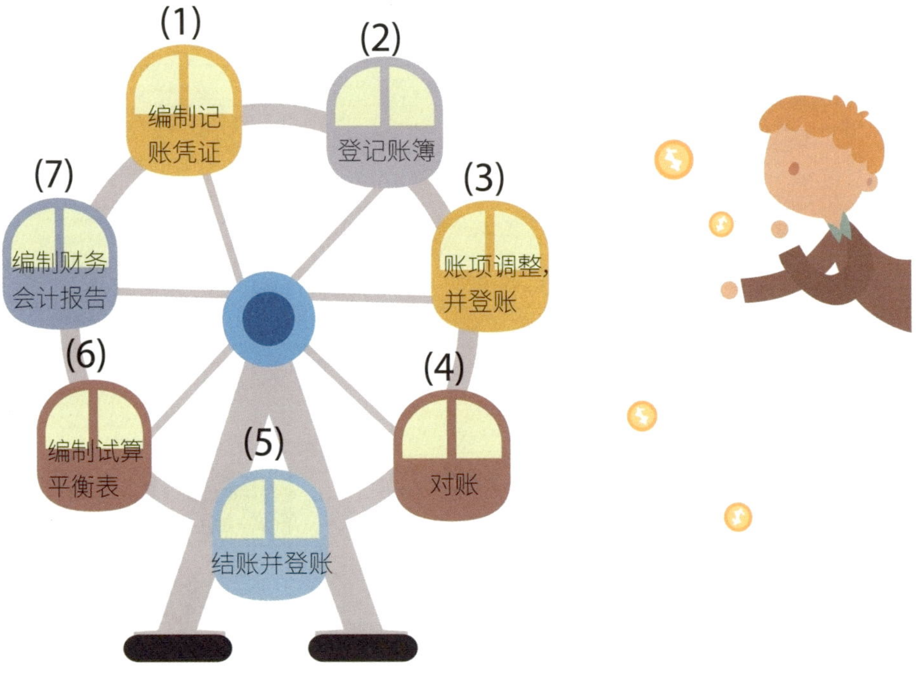

第(1)-(2)步通常在会计期间内发生，第(3)-(7)步则往往是在会计期末发生。

什么是应计、递延呢？

哎，好像账项调整与编制试算平衡表两项前面章节中没有提到过呢？能否解释一下？

账项调整是指根据权责发生制会计基础，期末，会计人员对于部分跨期间收入、费用进行调整而做的会计分录，包括应计收入、费用和递延收入、费用的调整分录。

一、账项调整

账项调整是编制报表前的重要步骤。

比如，应计本月承担的利息费用1 000元（本月已享受贷款的好处，但利息尚未支付，属应计费用）。

借：财务费用　　1 000

　贷：应付利息　　1 000

还有，本月应计的劳务收入600元（已对外提供劳务，但钱款未收入，属应计收入）。

借：应收账款　　600

　贷：其他业务收入　　600

注：

确认应计收入与应计费用完全是按权责发生制基础进行判断（没有原始凭证）。

再如，月末确认上月预收的出租房屋租金2 000元（属递延收入）。

借：预收账款　　　2 000

　贷：其他业务收入　　2 000

预付3个月的租金

还有，月末摊销本月应承担的以前月份已支付的保险费300元（属递延费用）。

借：管理费用　　300

　贷：预付账款　　300

注：

确认递延收入与费用也完全是按权责发生制基础进行判断（没有原始凭证）。做完记账凭证后，不要忘了登记账簿哦！

二、编制试算平衡表

每一个会计期间终了，为验证记账是否正确，需编制试算平衡表。这个表格可以在结账前，做调整分录前编制，以预先检验自己平时做账内容的正确性；也可以在做完调整分录，结账分录，并登记入账后再编制，称为调整后/结账后的试算平衡表。

试算平衡表

账户名称	期初余额		本期发生额		期末余额	
	借方	贷方	借方	贷方	借方	贷方
合计						

（根据发生额平衡公式）

（根据余额平衡公式）

试算平衡过程，俗称“轧账”。如果所有账户：

期初/期末借方余额合计=期初/期末贷方余额合计
所有账户借方发生额合计=贷方发生额合计
则表明我们的记账工作基本正确。

对啰!
好开心哦!
不过,所有的借贷双方均漏记、重记和登记方向相反等错误仍不能通过试算平衡表“轧平”来发现。还需要进一步查账验证。
如果试算平衡表不平衡,怎么办?
奋力查账,熬夜苦干!!!直至“轧平”!!!

第二场 财务会计报告的构成

一、财务会计报告

● 会计报表

会计报表是企业财务会计报告的主干部分，是对外提供的。其中，资产负债表和利润表月、季、年度均要编制与报送。

现金流量表、所有者权益变动表按年编制与报送。

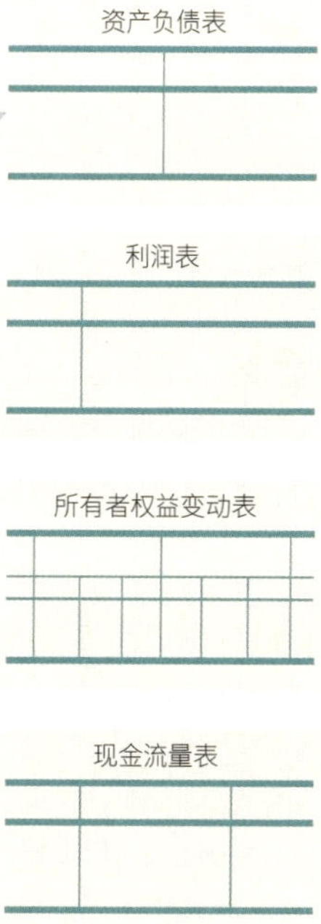

● 会计报表附注

对会计报表的编制基础、编制依据、编制原则和方法以及有关项目等所作的解释说明。

① 企业会计政策及其变更。
② 企业会计估计及其变更、或有事项。
③ 资产负债表日后事项。
④ 关联方关系及其交易、会计报表各项目的增减变动情况等。

● 财务分析报告

根据会计报表及其他信息所作的有关财务情况及经营成果的数字分析。

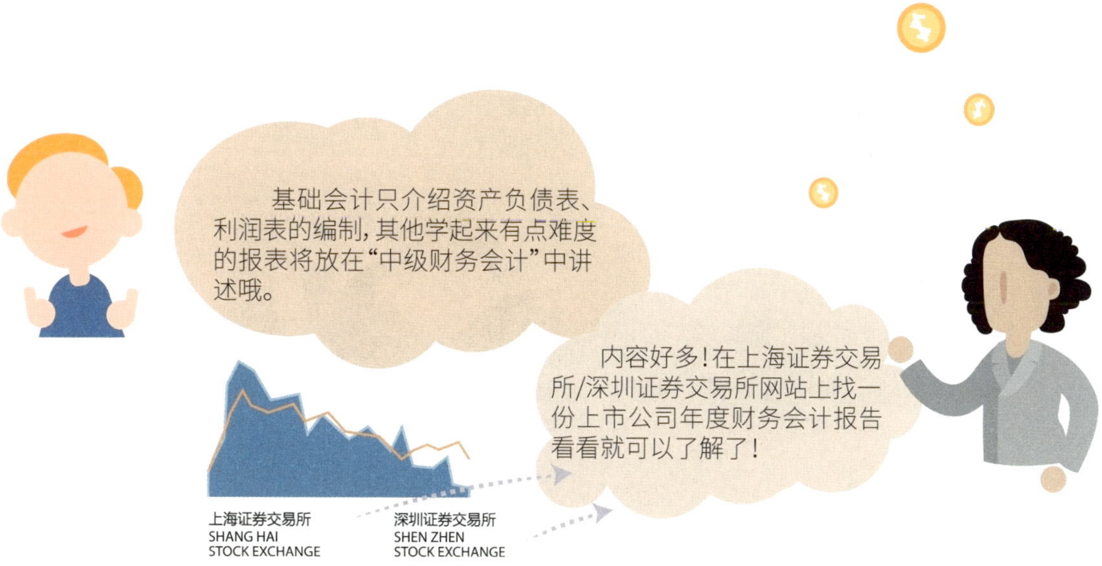

二、 会计报表分类

按会计报表的时间特征，可以分为静态会计报表和动态会计报表。

按会计报表的编制时间，可以分为年报、半年报、季报和月报。

按会计报表的编制基础，可以分为个别报表(每个单位报送、汇总报表即各单位简单汇总报表)和合并报表(母公司与子公司合并报表)。

按照会计报表的服务对象，可以分为内部会计报表(只对内报送)和外部会计报表(对外报送)。

第三场 利润表及其编制

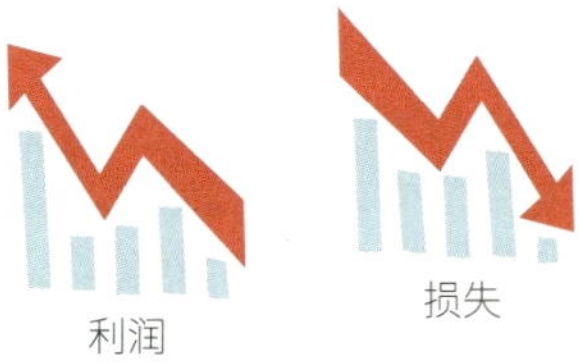

一、利润表的概念

利润表，又称损益表、收益表，是反映企业在一定会计期间经营成果的报表。它通过把一定期间的收入和与其相关的成本、费用进行配比，以计算企业一定期间的净利润（或净亏损）。

理论基础：收入－费用=利润

目的：反映企业一定期间的获利能力、偿债能力及经营管理能力。

管理者

二、 利润表的格式

单步式利润表：简单、直观，但可用于分析的数据不多。格式如下表所示。

利润表（单步式）

××年××月

项　目	金 额
1.收入：	
×××	×××
×××	×××
收入合计	×××
2.费用、支出：	×××
×××	×××
×××	
×××	×××
费用支出合计	×××
3.净利润	×××

多步式利润表：指标丰富，有助于分析，但计算过程相对复杂。具体格式请看下页：

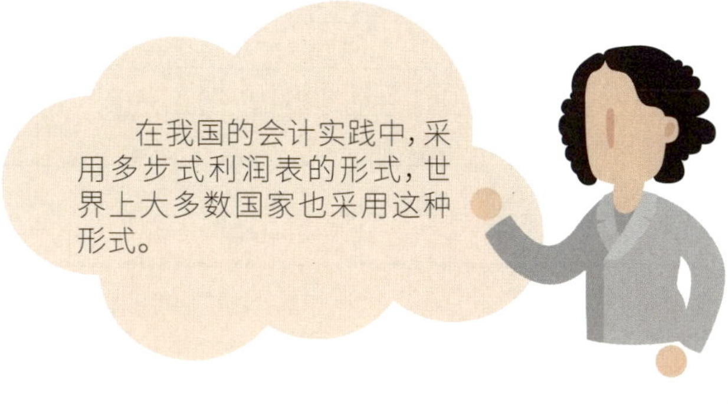

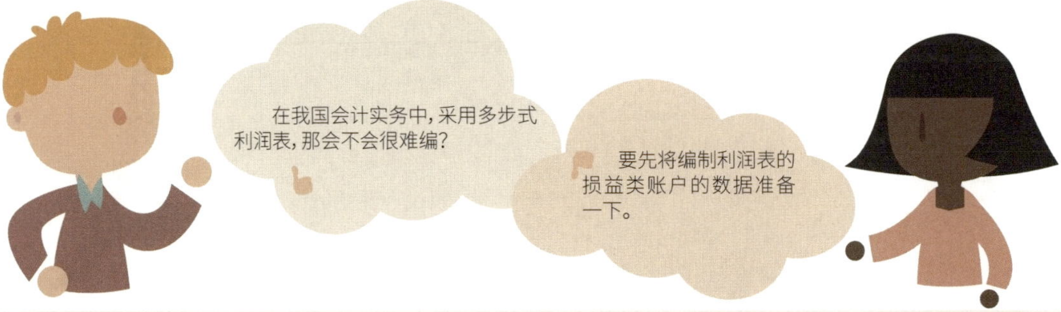

利润表

会企02表

编制单位：　　　　　　　　　　　年　月　　　　　　　　　　　单位：元

项　目	本期金额	上期金额
一、营业收入	×××	×××
减：营业成本	×××	×××
⋮	⋮	⋮
税金及附加	×××	×××
销售费用	×××	×××
管理费用	×××	×××
财务费用	×××	×××
资产减值损失	×××	×××
加：公允价值变动收益（损失以“–”号填列）	×××	×××
投资收益（损失以“–”号填列）	×××	×××
二、营业利润（亏损以“–”号填列）	×××	×××
加：营业外收入	×××	×××
减：营业外支出	×××	×××
三、利润总额（亏损总额以“–”号填列）	×××	×××
减：所得税费用	×××	×××
四、净利润（净亏损以“–”号填列）	×××	×××
五、其他综合收益的税后净额	×××	×××
六、综合收益总额	×××	×××
七、每股收益	×××	×××

在期末，会计人员会将所有账户中的发生额合计填到试算表中，以检验账务处理的正确性。

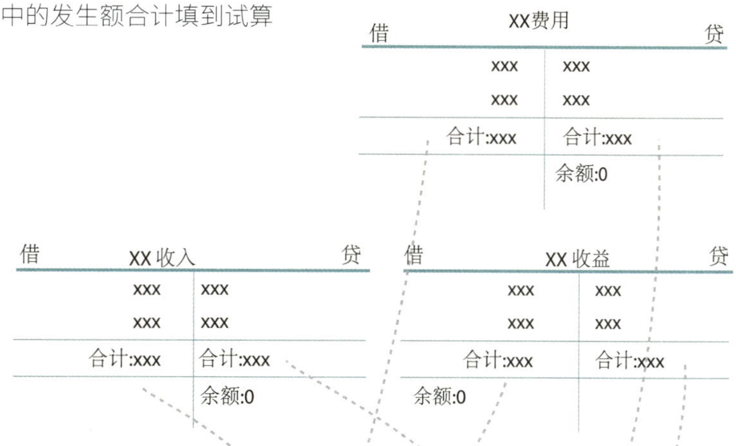

注：上述T形账户中的合计是指发生额合计。

比如，为编制利润表，可以先编制下表：

损益类账户发生额表

xxxx年xx月　　　　单位：元

科目名称	借方发生额合计	贷方发生额合计
主营业务收入	235 000	235 000
其他业务收入	30 000	30 000
营业外收入	4 000	4 000
主营业务成本	103 449.40	103 449.40
其他业务成本	20 150	20 150
税金及附加	4 665	4 665
营业外支出	3 000	3 000
销售费用	8 000	8 000
财务费用	400	400
管理费用	16 800	16 800
所得税费用	31 162.90	31 162.90
投资收益	12 116	12 116
合计	468 743.30	468 743.30

注：假定上述数据是来自20XX年12月的账户数据。

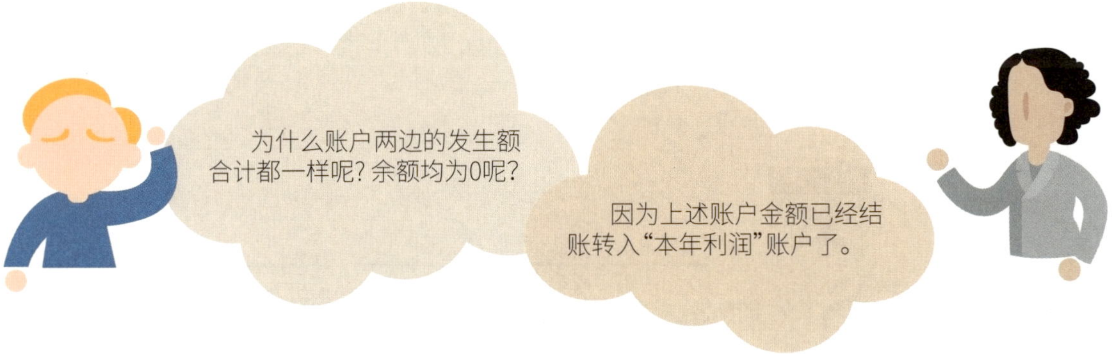

三、利润表的编制

● 利润表应根据损益类账户的本期发生额分析计算填列。

其中：

“营业收入”项目：主营业务收入（贷方发生额）+其他业务收入（贷方发生额）。

“营业成本”项目：主营业务成本（借方发生额）+其他业务成本（借方发生额）。

“税金及附加”项目：税金及附加（借方发生额）

“公允价值变动净收益”项目，根据公允价值变动损益账户（发生额变动）填列，如当期变动为收益，则填正数。如为净损失，以“—”号填列。

“资产减值损失”项目，按资产减值损失账户（发生额变动）填列。

“利润总额”项目、“净利润”项目和“投资收益”项目，反映实现的净利润（收益）。如为亏损，则以“—”号填列。

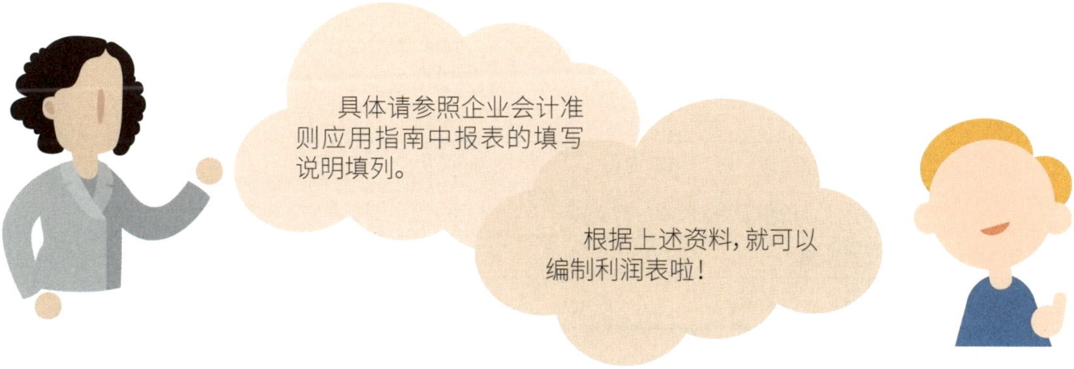

利润表

会企02表

编制单位：　　　　　　　　　　年　月　　　　　　　　　　单位：元

项目	本期金额	上期金额
一、营业收入	265 000	
减：营业成本	123 599.40	
税金及附加	4 665	
销售费用	8 000	
管理费用	16 800	
财务费用	400	略
资产减值损失	0	
加：公允价值变动损益（损失以“—”号填列）	0	
投资收益（损失以“—”号填列）	12 116	
二、营业利润（亏损以“—”号填列）	123 651.60	
加：营业外收入	4 000	

减：营业外收入	3 000
三、利润总额（亏损总额以“—”号填列）	124 651.60
减：所得税费用	31 162.90
四、净利润（净损失以“—”号填列）	93 488.70
五、其他综合收益的税后净额	0
六、综合收益总额	93 488.70
七、每股收益	略

第四场 资产负债表及其编制

一、资产负债表的概念

资产负债表是反映企业在某一特定日期(通常是月末、季末、半年末、年末)的财务状况的报表，因此，它也称为“财务状况表”，其主要作用在于提供企业在某一时点的资产、负债、所有者权益及其相互关系的静态信息。

理论基础：　资产　＝　负债　＋　所有者权益

作用：反映企业经济资源及其分布情况、负债水平、偿债能力和权益结构等。
特点：主要项目按流动性大小排列哦！

二、资产负债表的格式

资产负债表的格式有账户式与报告式两种，两种格式分别将会计等式竖着计算与横着计算而已，没什么差别，只是世界上采用账户式格式的国家多，我国就是采用账户格式。

资产负债表（账户式）
xxxx年x月x日

资 产	金 额	负债和所有者权益	金 额
流动资产： ⋮ 非流动资产： ⋮		流动负债： ⋮ 非流动负债： ⋮ 所有者权益： ⋮	
资产总计		负债和所有者权益总计	

资产负债表（报告式）
xxxx年x月x日

项 目	金 额
资产 ⋮ 资产总计 负债和所有者权益 负债 ⋮ 负债合计 所有者权益 ⋮ 所有者权益合计 负债和所有者权益总计	

左边

右边

账户类型

三、 资产负债表的编制要点

●资产负债表应按月编制，表中数字一般可从有关表格和相应账户中列示的期末余额中取得。即按账户期末余额直接填列，如应收票据、短期借款等。

●有的项目应根据总账科目余额计算填列。

"货币资金"项目="库存现金"借方余额+"银行存款"借方余额+"其他货币资金"的借方余额。

"存货"项目，根据"物资采购""在途物资""原材料""库存商品""生产成本""低值易耗品""包装物"等账户的期末余额合计数填列。

"固定资产"项目，根据"固定资产"账户的借方余额减去"累计折旧"账户 以及"固定资产减值准备"账户的贷方余额后的差额，再加上"固定资产清理"账户的余额填列。

"其他应收款"项目，应根据"应收利息""应收股利"和"其他应收款"账户的期末余额合计，减去"坏账准备"账户中相关坏账准备期末余额后的金额填列。

●有的项目应根据明细科目余额计算填列。

如："应收账款"项目，"应付账款"项目，"预收账款"项目，"预付账款"项目（根据实质重于形式的原则）。

"应收账款"项目=应收票据总账借方余额+应收账款明细分类账户借方余额合计+预收账款明细账户借方余额合计。

"预付账款"项目=预付账款明细分类账户借方余额合计+应付账款明细分类账户借方余额合计。

"应付账款"项目=应付账款明细分类账户贷方余额合计+预付账款明细分类账户贷方余额合计。

"预收账款"项目=预收账款明细账户贷方余额合计+应收账款明细分类账户贷方余额合计。

其他具体项目可参照一般教科书报表编制的内容。

四、资产负债表的编制举例

如果还是采用第三幕复式记账法运用的例子，将20XX年12月总分类账户余额抄过来，就可以得到下页的科目汇总表。

XX资产

借	贷
期初余额	xxx
xxx	xxx
xxx	xxx
合计:xxx	合计:xxx
	期末余额:xxx

XX负债

借	贷
xxx	期初余额xxx
xxx	xxx
xxx	xxx
合计:xxx	合计:xxx
期末金额:xxx	

XX权益

借	贷
xxx	期初余额xxx
xxx	xxx
xxx	xxx
合计:xxx	合计:xxx
	期末金额:xxx

科目汇总表

XX公司　　XXXX年12月31日　　单位：元

科目名称	借方余额	科目名称	贷方余额
银行存款	4 496 910.00	短期借款	500 000.00
应收账款	11 700.00	应交税费	11 177.90
原材料	52 462.00	应付职工薪酬	41 260.00
库存商品	83 054.60	应付账款	1 000 000.00
固定资产	389 500.00	其他应付款	500 000.00
无形资产	2 020 000.00	应付股利	50 000.00
		累计折旧	3 000.00
		长期借款	2 000 000.00
		实收资本	2 410 000.00
		资本公积	600 000.00
		盈余公积	14 023.31
		利润分配	29 465.39
合计	7 158 926.60	合计	7 158 926.60

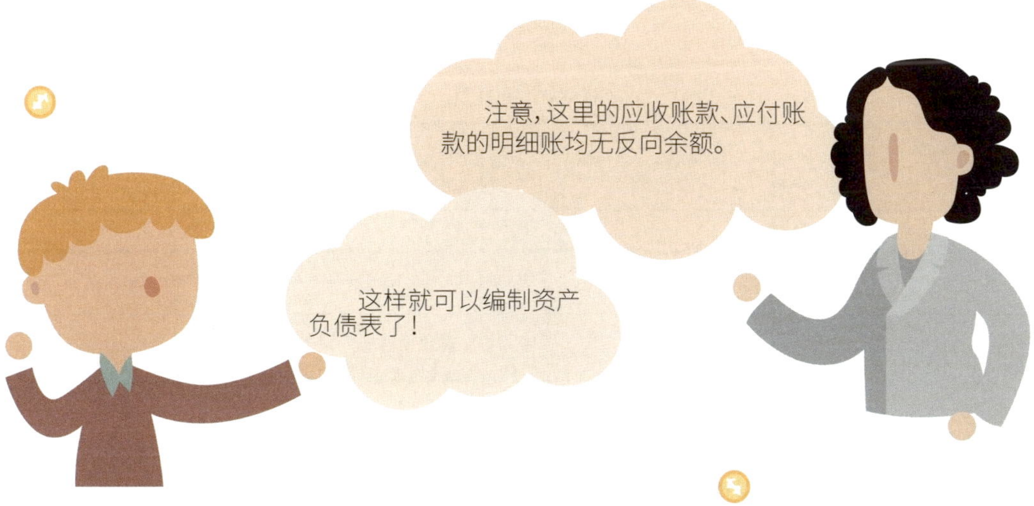
注意，这里的应收账款、应付账款的明细账均无反向余额。
这样就可以编制资产负债表了！

资产负债表

会企01表

编制单位：恒久公司	20XX 年 12 月 31 日		单位:元

资　　产	末期余额	负债和所有者权益（或股东权益）	期末余额
流动资产:		流动负债:	
货币资金	4 496 910.00	短期借款	500 000.00
交易性金融资产	0	交易性金融负债	0
应收票据	0	应付票据	0
应收账款	117 000.00	应付账款	1 000 000.00
预付款项	0	预收款项	0
其他应收款	0	应付职工薪酬	41 260.00
存货	135 516.60	应交税费	11 177.90
一年内到期的非流动资产	0	其他应付款	550 000.00
其他流动资产	0	一年内到期的非流动负债	0
流动资产合计	4 749 426.60	其他流动负债	0
非流动资产:	0	流动负债合计	2 102 437.90
可供出售金融资产	0	非流动负债:	
持有至到期投资	0	长期借款	2 000 000.00
长期应收款	0	应付债券	0
长期股权投资		长期应付款	0
投资性房地产		专项应付款	0
固定资产	386 500.00	预计负债	0

在建工程	0	递延所得税负债	0
工程物资	0	非流动负债合计	2 000 000.00
固定资产清理	0	负债合计	4 102 437.90
无形资产	2 020 000.00	实收资本（或股本）	2 410 000.00
开发支出		资本公积	600 000.00
商誉		减：库存股	0
长期待摊费用	0	盈余公积	14 023.31
递延所得税资产	0	未分配利润	29 465.39
其他非流动资产	0	所有者权益（或股东权益）合计	3 053 488.70
非流动资产合计	2 406 500.00		
资产总计	7 155 926.60	负债和所有者权益（或股东权益）总计	7 155 926.60

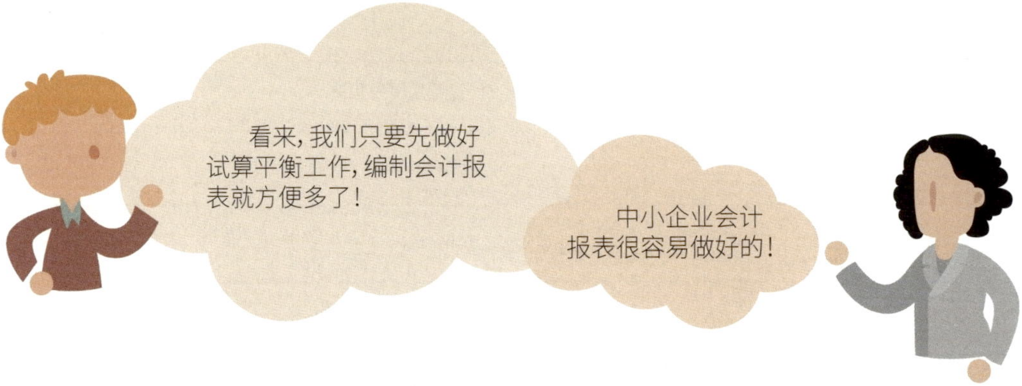

注意：

利润表与资产负债表中有些数据是有内在联系的，这叫报表之间的钩稽关系，即数据是可以相互印证的哦！还有现金流量表等其他报表将在中级财务会计中涉及。

第五场 账务处理程序

一、概念及分类

账务处理程序也称为会计核算形式，是指在会计核算中以账簿组织为中心，把会计凭证、会计账簿和记账顺序有机地结合在一起的技术组织方式。

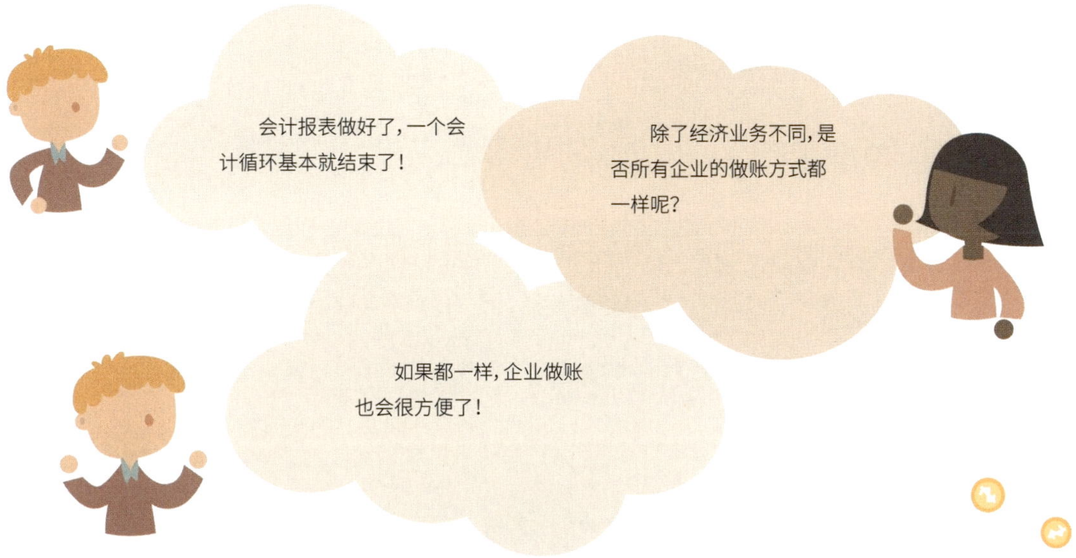

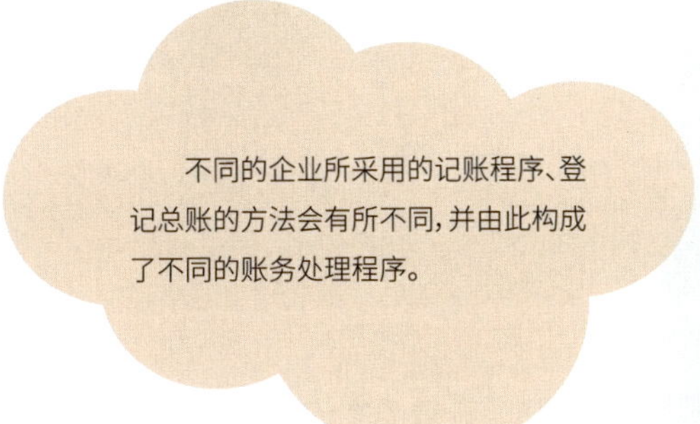

有：

①记账凭证账务处理程序；

②科目汇总表账务处理程序；

③汇总记账凭证账务处理程序；

④日记总账账务处理程序。

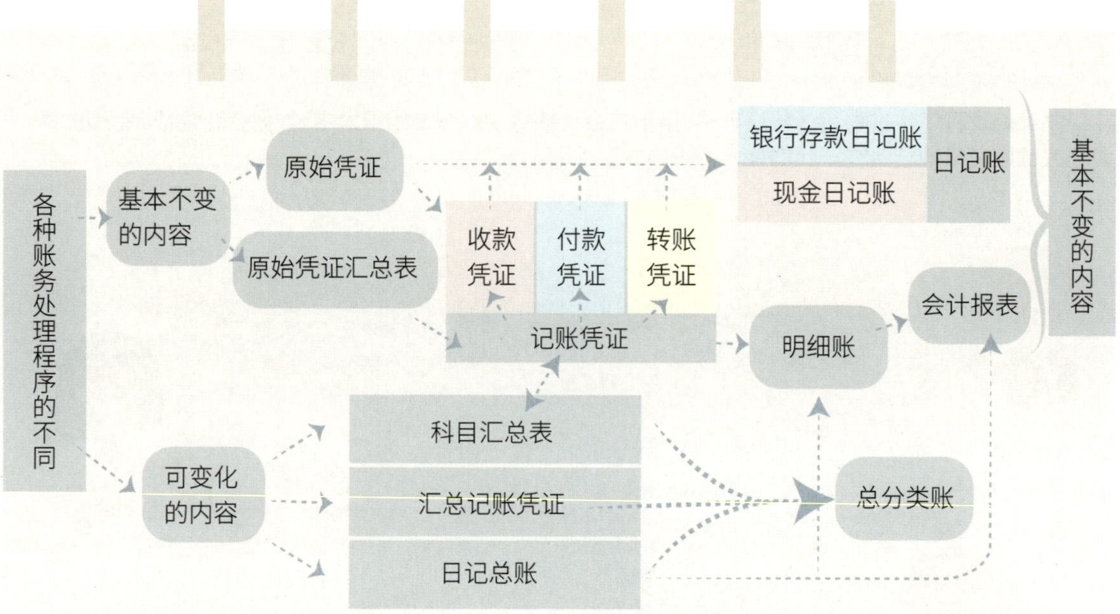

二、种类及特点

记账凭证账务处理程序是以直接依据记账凭证登记总账为特点的，是最基本的记账程序。由于登记总账的工作繁重，所以只适用于小企业。

科目汇总表账务处理程序是根据账目汇总表直接登记总账的账务处理程序，科目汇总表的格式有点像试算平衡表的中间部分。

科目汇总表

20XX 年X月X日——X日

会计科目	本期发生额		账页
	借方	贷方	
库存现金	XXX	XXX	
银行存款	XXX	XXX	
……			
合计	XXX	XXX	

借方发生额合计=贷方发生额合计

科目汇总表的编制依据是记账凭证与所附原始凭证。

总账

会计科目：库存现金

XX年		摘要	借方	贷方	借/贷	余额
月	日					
X	1	期初余额			借	XXX
	…					
	30	科汇1号	XXX	XXX		
	30	期末余额			借	XXX

总账

会计科目：银行存款

XX年		摘要	借方	贷方	借/贷	余额
月	日					
X	1	期初余额			借	XXX
	…					
	30	科汇1号	XXX	XXX		
	30	期末余额			借	XXX

企业如果每月经济业务比较少，那么每月只要编制一张科目汇总表。月末根据科目汇总表的发生额合计数登记总账就可以了，节省了登记总账的工作。

但是缺点是账户对应关系不清。尽管如此，大多数企业都采用这种方式。

汇总记账凭证账务处理程序是先根据记账凭证编制汇总记账凭证，然后再根据汇总记账凭证登记总账的账务处理程序。

汇总收款凭证

借方科目:XX　　20XX年X月　　编号:XX

贷方科目	金额				总账页码
	1—10日 收款凭证 第X号至第X号	11—20日 收款凭证 第X号至第X号	21—31日 收款凭证 第X号至第X号	合计	
合计					

会计主管: XXX　　记账: XXX　　审核: XXX　　制证: XXX

汇总付款凭证

贷方科目:XX　　20XX年X月　　编号:XX

借方科目	金额				总账页码
	1—10日 付款凭证 第X号至第X号	11—20日 付款凭证 第X号至第X号	21—31日 付款凭证 第X号至第X号	合计	
合计					

会计主管: XXX　　记账: XXX　　审核: XXX　　制证: XXX

汇总付款凭证每月汇总3次，依据是付款凭证，企业每月会有两张汇总付款凭证。即：银行存款汇总付款凭证与库存现金汇总付款凭证。

将本期（一个月）的收款凭证分3次汇总到汇总收款凭证中去。（每10天汇总一次）企业每月会有两张汇总收款凭证，即：银行存款汇总收款凭证，库存现金汇总收款凭证。

汇总转账凭证

贷方科目：XX　　　　20XX年X月　　　　编号：XX

借方科目	金额				总账页码
	1—10日 转账凭证 第X号至第X号	11—20日 转账凭证 第X号至第X号	21—31日 转账凭证 第X号至第X号	合计	
合计					

会计主管：XXX　　记账：XXX　　审核：XXX　　制证：XXX

由于汇总转账凭证是按贷方科目开设，按借方科目归类的，每月汇总转账凭证的张数会有很多。因此，编制汇总转账凭证的工作也不轻松。

汇总转账凭证的编制依据是转账凭证。

况且，汇总记账凭证汇总数据是分期间的，因此，登记总账的工作还是比较繁重的，所以尽管与科目汇总表账务处理程序相比，此法具有反映对应关系明确的优点，但一般只用于大型企业（在手工记账中）。

日记总账账务处理程序是以日记总账替代总账为特征的。

日记总账的格式如下：

日记总账

20××年		记账凭证		摘 要	库存现金		银行存款		原材料		生产成本		……
月	日	字	号		借	贷	借	贷	借	贷	借	贷	
				本期发生额合计									
				期末余额									

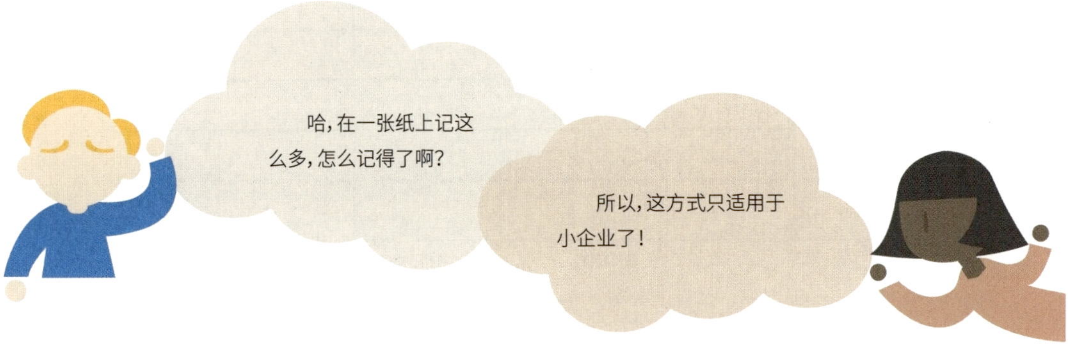

总结

账务处理程序相同点：

凭证——账簿——报表

账务处理程序的不同点：

登记总账的依据和方法不同！

第八幕　持续经营需守规

第一场　政治制度与会计准则

企业是从事生产、服务等经济活动的经济组织。与企业相关的利益相关者有：投资者、供应商、政府机构、客户、债权人、管理者、员工等，大家都想了解企业的财务状况及经营成果等会计信息。

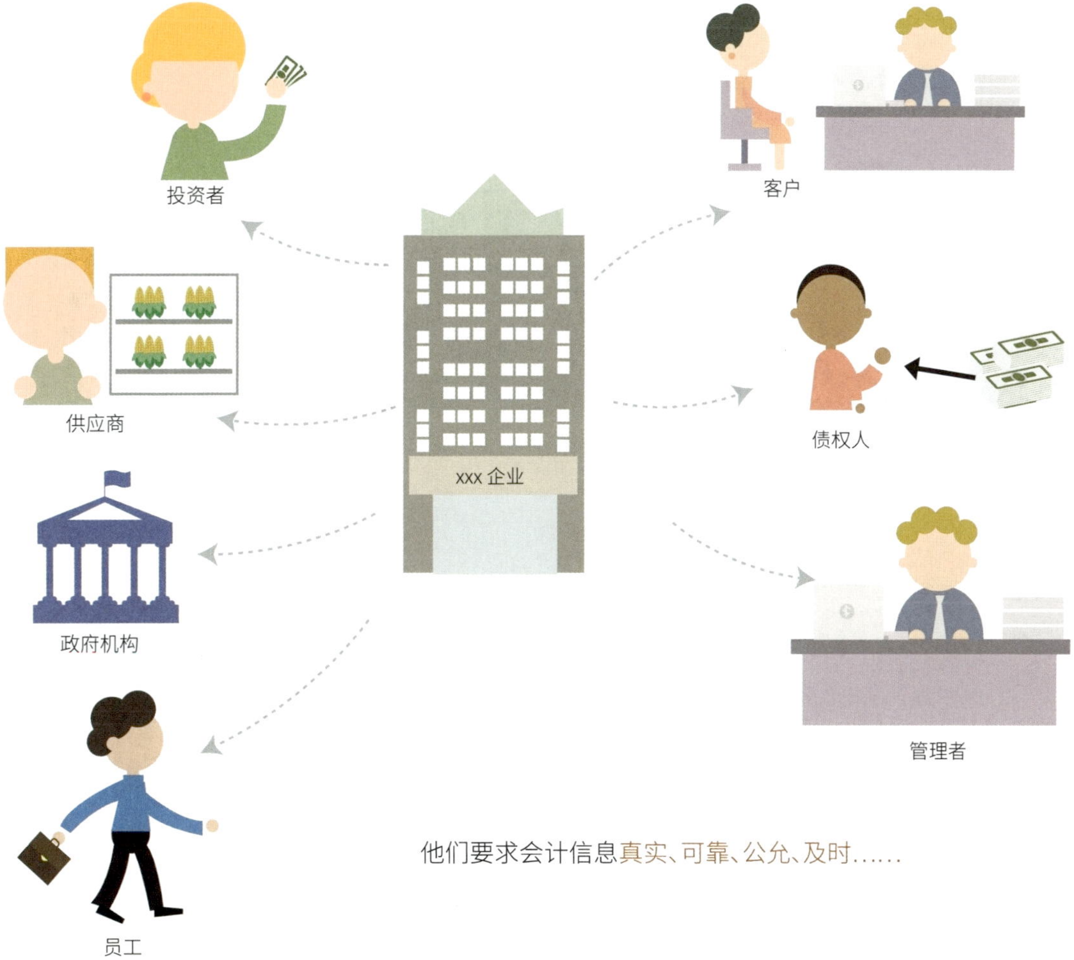

他们要求会计信息真实、可靠、公允、及时……

而提供会计信息的人是会计人员。会计人员是企业的雇员,他们需站在雇主的立场。于是,矛盾就出现了!

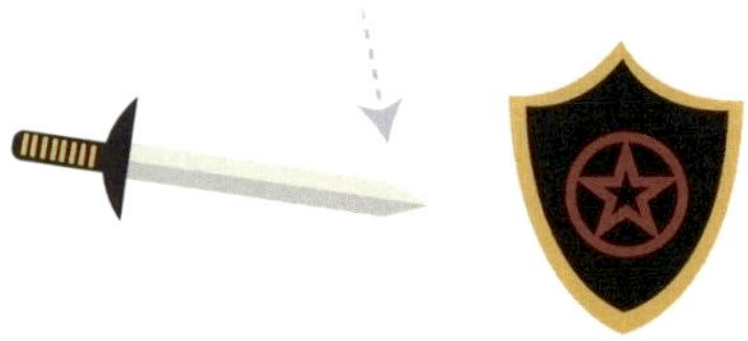

所以需要由权威机构制定会计准则。

不同的政治制度下,制定准则的机构不相同。

比如:

在美国,制定准则的机构是FASB(民间机构);

在英国,是一个带有部分官方色彩的、半独立的新"会计准则委员会"(ASB);

在中国,是中华人民共和国财政部(政府机构)。

第二场 中国会计法规体系

会计法规是协调、统一会计处理过程中对不同处理方法作出合理选择的假设、原则、制度等的总和。

中国的会计规范体系是以会计法为基础的一个比较完整的法规体系，是由不同层次组成的。一般包括会计法、会计准则和会计制度等法规、制度。

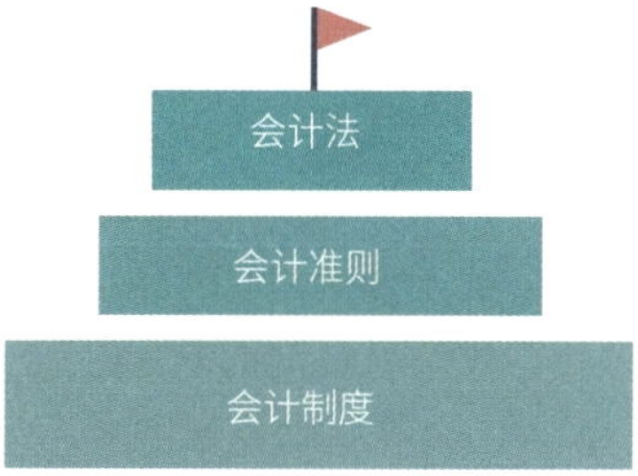

一、会计法

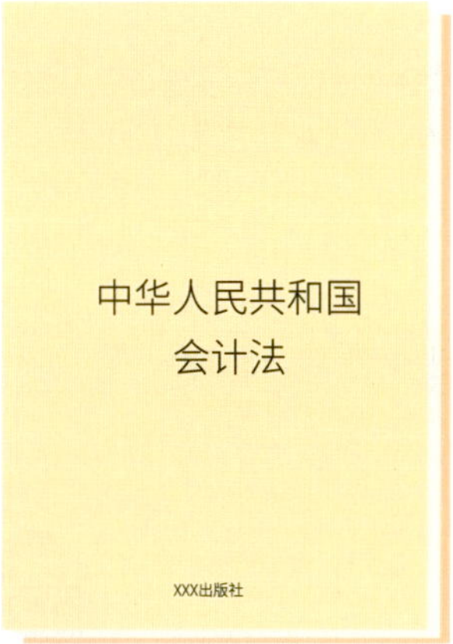

会计法，即中华人民共和国会计法，是于1985年1月21日由第六届全国人民代表大会常务委员会第九次会议通过颁布的法律，后又于1993年、1999年和2017年三次修订。

会计法明确提出了制定该法的目的和执行的强制性，规定了会计核算和会计监督的内容，会计机构和会计人员的设置要求及违反该法所应承担的法律责任等。会计法通过要求单位强制执行该法，规范会计行为，保证会计资料真实、完整，不断加强经济管理和财务管理来提高经济效益，打击使用违法、虚假手段谋取私利的行为，从而维护社会主义市场经济秩序。

二、会计准则

我国会计准则由基本会计准则、具体会计准则和具体准则应用指南组成，由财政部制定。

会计准则，即会计人员执行会计活动所应遵循的规范和标准，同时也是对会计工作进行评价、鉴定的依据和准绳。

三、会计制度是一个特定的规范

会计制度是以某一特定部门、行业或所有部门的企业为对象，着重对会计科目的设置、使用说明和会计报表格式及其编制加以详细说明的规范，主要由财政部制定、颁布和企业自主制定两种。

财政部颁布了两项主要的官方制度:《金融企业会计制度》和《小企业会计制度》，两者共同指导我国的会计实务。

第三场 基本准则（概念框架部分）

一、基本假设

● 会计主体假设

会计核算的基本前提，也称为会计假设。它是对会计核算所处的时间、空间环境所作的合理设定。

例如，公司将其经济活动与其所有者和任何其他业务单位区分开来。

● 持续经营

持续经营是指会计主体的生产经营活动在可预见的将来，将按既定的经营方针和目标继续经营下去，不会倒闭（假想企业不会倒闭，成为百年公司）。

许多会计方法都是基于这一假设而设计的。

比如，买进的房屋与建筑物就可以按50年或更多使用年限提取折旧了。

$$工厂及设备每年的折旧费用=\frac{工厂和设备的成本\ -\ 净残值}{50年}$$

● 会计分期

会计分期是指将一个企业持续经营的生产活动划分为一个个连续的、长短相同的期间。这种划分称为会计分期。

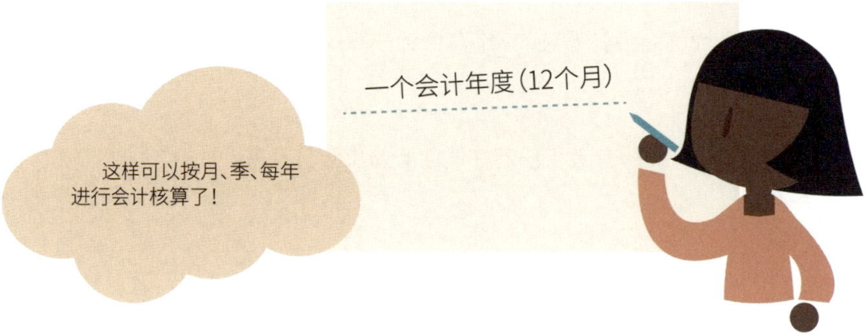

● 货币计量

货币计量是指反映每个会计期间的经营成果和期末的财务状况时,是用货币作为计量单位的。

会计主要是以货币计量,因为用货币计量可以将不同质的商品价值加计起来。每个国家基本都用本国货币作为记账本位币。

二、会计信息质量要求

● 客观性

客观性原则也称真实性原则，它要求企业应当以实际发生的交易或者事项为依据进行会计确认、计量和报告，如实反映符合确认和计量要求的各项会计要素及其他相关信息，保证会计信息真实可靠，内容完整。

客观性

真实、可靠、可验证

● 相关性

相关性原则也称有用性原则，它要求企业提供的会计信息应当与财务会计报告使用者的经济决策需要相关，有助于财务会计报告使用者对企业过去、现在或者未来的情况作出评价或者预测。

比如，提供的信息应满足使用者的需要。

- 可比性

它要求同一企业对不同时期发生的相同或者相似的交易或者事项，应当采用一致的会计政策，不得随意变更。确需变更的，应当在附注中说明。

不同企业发生的相同或者相似的交易或者事项，应当采用规定的会计政策、确保会计信息口径一致、相互可比。

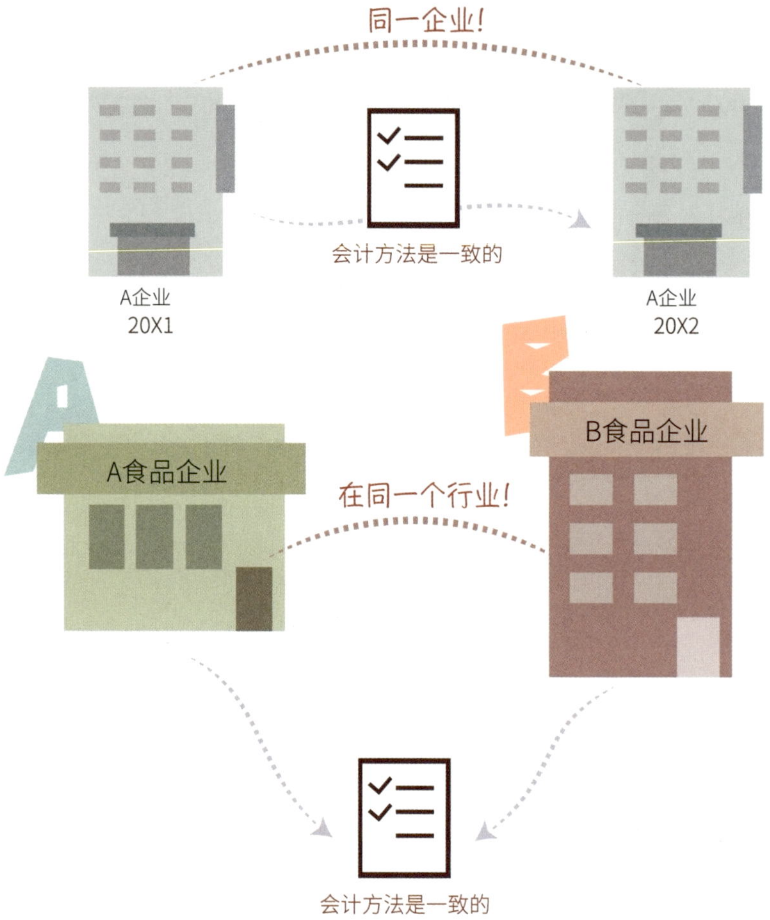

该原则不仅要求同一企业不同时期的指标纵向可比，而且要求不同企业同类指标横向可比。

● 实质重于形式

实质重于形式原则要求企业应当按照交易或者事项的经济实质进行会计确认、计量和报告，不应仅以交易或者事项的法律形式为依据。

比如，企业融资租赁的汽车，总价50万元（不含增值税），增值税率17%，首付款5万元，其余款分3年付清。

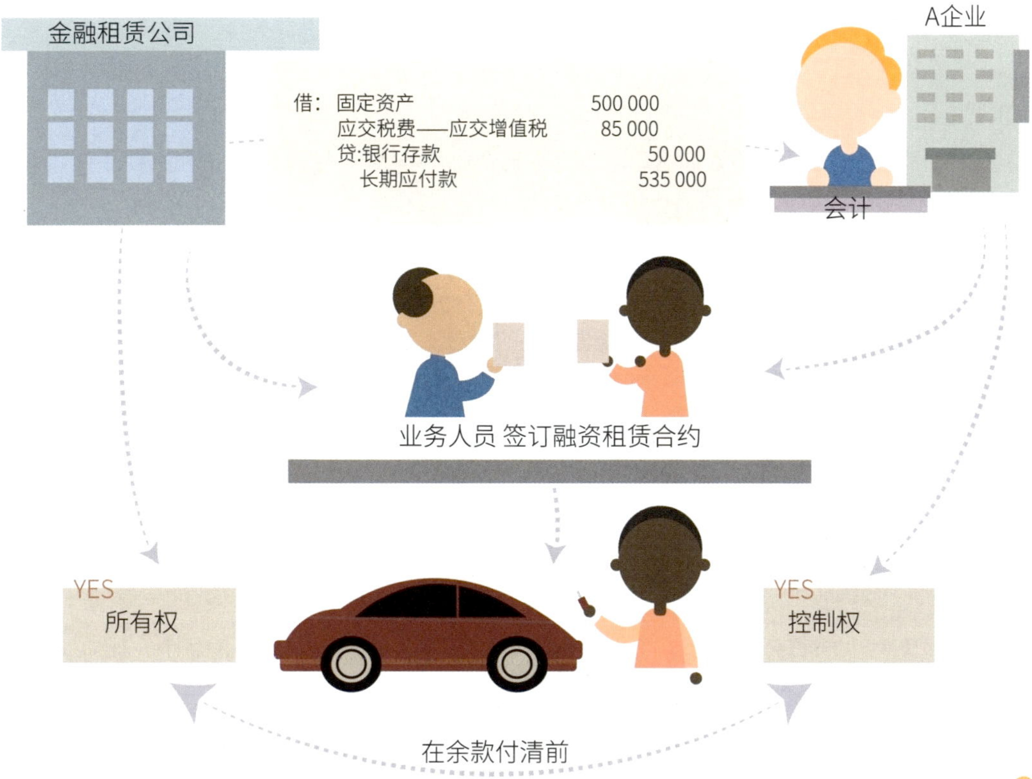

付清全部款项前，尽管企业只拥有该车的实质控制权，没有所有权。但按本原则，该汽车仍作为企业固定资产入账。

● 明晰性

明晰性原则要求企业提供的会计信息应当清晰明了，便于财务会计报告使用者理解和使用。

● 重要性

重要性原则是指企业提供的会计信息应当反映与企业财务状况、经营成果和现金流量等有关的所有重要交易或者事项。

判断重要与否的标志：

①经济业务金额大小(比如，企业由于洪水将仓库淹没，造成很大的损失)；

②该业务性质是否重要(比如，企业董事长生重病的消息,尽管企业目前没有金额损失，但董事长因生病缺席企业管理，将对企业未来经营产生重大影响)。

● 谨慎性

谨慎性原则要求企业对交易或者事项进行会计确认、计量和报告应当保持应有的谨慎，不应高估资产或者收益、低估负债或者费用。

比如，采用加速折旧法、提取坏账准备均是基于这个原则。

● 及时性

及时性原则要求企业对于已经发生的交易或者事项，应当及时进行会计确认、计量和报告，不得提前或者延后。

这个不难理解，信息的有效性在于其及时与否。(决策之前，信息是非常重要的)

其实上面8个原则对其他信息的管理也是适用的。

至于具体准则，由中级会计来介绍了！

基础理论、基础知识、基本方法就介绍到此了！